Pater Flavian erzählt

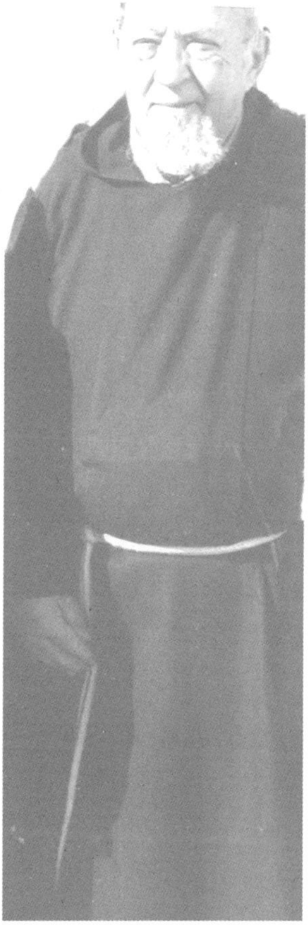

Manuela Kinzel Verlag

Impressum:

Manuela Kinzel Verlag
73037 Hohenstaufen
Tel. 07165 / 929 399

info@manuela-kinzel-verlag.de
www.manuela-kinzel-verlag.de

1. Auflage 2020

ISBN 978-3-95544-138-8

Inhalt

Segnung der Motorradwallfahrt 2011

Pater Flavian

Nicht ein Urknall sie erschuf,
unsre wunderschöne Erde,
es war unsres Herren Ruf,
der das große Wort sprach: Werde!
Der Mensch als Abbild Gottes sollte
dem Herren dienen, der uns liebt.
Darum der Herr auch von ihm wollte,
die Erd' zu schützen, die er uns gibt.
Der Mensch jedoch geht eigne Wege,
er meint, er sei der Herr der Welt.
Statt sie zu hüten, sie zu hegen –
sie auszubeuten, scheint er bestellt.
Drum ist es dann auch oft geschehn,
dass sie sich recht auf ihre Art.
An Katastrophen wir es sehn,
die uns dann treffen auch sehr hart.
Katastrophen gab's zwar immer,
doch sie gingen auch vorbei.
Doch zeigen sie, sind sie mal schlimmer,
wie ohnmächtig der Mensch auch sei.
Auch in menschlichen Bereichen
bedrohte manches unser Leben,
es war die Pest und andre Seuchen
und was es sonst noch hat gegeben.
Manch Gelübde wurd' versprochen,
dem Herrn zu dienen immerdar.

Und der Herr hat auch geholfen,
wenn die Bitte ehrlich war.
2020 hat uns hart getroffen
die Corona-Pandemie
und wir können nur noch hoffen,
das vorübergeht auch sie.
Bitten wir den Herrn des Lebens,
dass er uns doch gnädig sei,
dass unser Hoffen nicht vergebens
und Pandemie bald sei vorbei.

2.4.2020

Vorwort

Wer kennt ihn in Deggingen und Umgebung nicht? Den Kapuzinerpater Flavian in der braunen Ordenskutte mit der spitz zulaufenden Kapuze, stets mit einem Lächeln auf den Lippen, den die meisten noch immer gedanklich mit der Wallfahrtskirche Ave Maria verbinden und der für jeden, der ihn aufsucht oder ihm begegnet, ein aufbauendes oder nettes Wort übrig hat. Er scheint einer anderen Welt entsprungen zu sein. Sein Leben folgt dem Beispiel des Franz von Assisi. Er ruht in Gott und genau diese Ruhe und Ausgeglichenheit strahlt er in seine Umgebung aus. In der heutigen Welt ist dies leider selten geworden.

Fragt man die älteren Leute in der Umgebung nach ihm, huscht ein Lächeln über ihr Gesicht und gerne erzählen sie von „ihrem Pater". Egal, ob die Leute aus dem Seniorenheim St. Martin stammen, die auf den wöchentlichen Besuch ihres hochbetagten Paters warten, oder die Kinder im Kindergarten, die er gerne als der heilige Nikolaus besucht und dabei eines seiner selbst geschriebenen Gedichte oder eine Geschichte vorträgt.

Generationenübergreifend und auch weit über die Grenzen Deggingens und Reichenbachs hinaus ist Pater Flavian kein Unbekannter. Viele Ehen wurden in der Vergangenheit von ihm geschlossen, zahlreiche Kinder getauft, viele Degginger und

Reichenbacher wurden von ihm zu Grabe getragen und er ist noch immer das Gesicht zahlreicher Wallfahrten, zum Beispiel der jährlichen Motorradwallfahrt in Ave Maria.

Nicht selten gibt er dabei einen von ihm geschriebenen Liedtext oder ein Gedicht mit seiner schönen Stimme zum Besten, zur Begeisterung der Anwesenden. Denn große Freude bereiten ihm der Gesang und die eigene Dichtung, die seinem Herzen entspringen und die er in Reime fasst – fröhliche Dinge, aber auch Nachdenkliches oder Gebete.

Zuweilen humorvoll, aber auch ernsthaft ist dieser Mann Gottes auf den Spuren seines Herrn Jesus Christus unterwegs, um das Evangelium zu verbreiten. Aber nicht nur durch Worte, sondern auch durch die gelebte Tat. Das ist es, was ihn authentisch macht und ihm in den Herzen vieler Menschen einen besonderen Platz bereithält. Bei ihm merkt man, dass er das, was er predigt, auch lebt und dass es ihn glücklich macht, aus dieser Gottgeborgenheit wie aus einer Quelle mit Vertrauen zu schöpfen. Zufrieden mit dem Wenigen und dankbar für das, was ihm der liebe Gott zukommen lässt. Kein Besitz und keine Macht, so wie der heilige Franziskus im 13. Jahrhundert auf alle Besitztümer verzichtet hatte und Jesus nachfolgte. Franziskus, Vorbild des Kapuzinerordens, und

Maria, die Mutter Jesu, weisen ihm den Weg. Vorbild im Glauben und mächtige Fürsprecherin.

Die Kapuziner wurden früher auch „Die Brüder der kleinen Leute" genannt. Durch ihr einfaches, anspruchsloses Leben und ihre Volksverbundenheit hatten sie an der Lebenswirklichkeit der Menschen teil, aber es machte auch frei für den Dienst an der Gemeinschaft. Besonders für die Hinwendung zu den Menschen, den Armen, Schwachen und Kranken, die am Rande der Gesellschaft standen. Kindermünder riefen die Ordensbrüder laut „Cappucini".

Pater Flavian Ascher ist einer dieser Brüder, der die Liebe Gottes ausstrahlt, der sein Leben voll Vertrauen in die Hand Gottes und der Gottesmutter gegeben hat und für die Menschen immer ein offenes Ohr hat. Und nun, nach einer langen Reihe von Kapuzinern seit dem Jahre 1929, die in Ave Maria Heimat gefunden hatten, der letzte in der Nähe verbliebene Kapuziner.

Mit 85 Jahren ist er immer noch wohlgemut auf seinem Pilgerweg unterwegs, was auch in seinen Gebeten, Geschichten, Gedichten und Liedtexten - mal heiter, mal nachdenklich - zum Ausdruck kommt. Eine besondere Sammlung, die nun der Allgemeinheit zugänglich wird und somit der Nachwelt erhalten bleibt.

Nicolas Knoblauch

Pater Flavian – Ein Lebensweg voller Glauben und tiefer Hingabe an Gott und die Gottesmutter

Sei ein Pilger auf Erden! Überlasse Gott die Führung deines Lebens und vertraue auf ihn!

Geboren wurde Otto Franz Ascher am 4. März 1935 in Sternberg (Sternberk) im Sudetenland, welches heute in der tschechischen Republik liegt. Schwere Zeiten während wirtschaftlichem Niedergang und sozialer Not prägen seine Kindheit. Als Sohn eines Bäckers, im Kreise seiner fünf Geschwister, wächst er in der Stadt mit der stolzen Burg, die hoch über dem Fluss Sázava thront, auf. Schon in frühester Kindheit war das Gebet seine stete Kraftquelle.

Nach der Besatzung und Enteignung beginnt 1945 die Vertreibung der deutschen Bevölkerung, die in Güterzügen und Viehwägen aus Mähren flüchtet und den jungen, elfjährigen Otto Franz Ascher mit seiner Familie 1946 ins hessische Bischhausen verschlägt.

Als Vertriebene, von der ansässigen Bevölkerung nur schwer geduldet, gibt ihm seine Mutter ein Beispiel der gelebten Feindesliebe, von dem er später zufällig erfährt und welches ihm stark in Erinnerung geblieben ist und ihn geformt hat.

Den Zweitjüngsten der religiösen Familie trifft es mit 16 Jahren hart, als die Mutter erkrankt und stirbt. Nach dem Abschluss der Schule hilft er in einem Papierverkauf, wo ihm eine Lehrstelle in Aussicht gestellt wird. Doch dieses Versprechen wird nicht eingehalten. So kommt er 1951 mit Schreinern nach Waldkappel bei Kassel, wo er in der Sankt-Konrad-Kapelle für seine kürzlich verstorbene Mutter betet. Pater Reinhold, ein Kapuziner, der dies sieht, spricht ihn an. „Möchtest Du nicht auch so einer werden?", fragt er den jungen Mann und deutet dabei auf die Statue des Kapuzinerbruders Konrad. Der junge Otto erbittet sich drei Tage Bedenkzeit und sagt dann beherzt zu.

Nur 5 Monate nach dem Tod der Mutter stirbt auch der Vater. Ein Schock, der zur Folge hat, dass Otto beim Tod des Vaters nicht mehr weinen kann und der ihn für das ganze Leben prägt. So sucht er Halt im Glauben und vertraut sich und sein weiteres Leben der Muttergottes an. Durch diese Schicksalsschläge gereift, fängt er mit 17 Jahren zu schreiben an und verfasst sein erstes Gedicht „Schicksal".

Im Ordensinternat in Bensheim holt er sein Abitur nach. Am 17. September 1957 kommt er dann ins Noviziat zu den Kapuzinern nach Stühlingen. Er erhält den Ordensnamen Flavian. 1958 studiert er zunächst Philosophie in der Ordenshochschule Krefeld, dann Theologie in Münster. Nach ausreichender Zeit zur Prüfung seiner Berufung wird er am 24.08.1963 in Münster zum Priester geweiht.

Im Kloster zählt die Gemeinschaft, Verzicht auf Besitz und Macht werden zur Bedingung für das Ordensleben. Franziskus hat denen, die ihm folgten, die Regel gegeben: „Die Brüder sollen sich nichts aneignen, weder Haus noch Ort noch sonst etwas. Und wie Pilger und Fremde in dieser Welt sollen sie dem Herrn in Armut und Demut dienen.“ Deshalb wird ein Kapuziner immer wieder von Kloster zu Kloster versetzt. So wird das Prinzip dieser Regel aufrechterhalten.

Seine erste Stelle führt Pater Flavian ins Kloster nach Werne/Lippe, danach kommt er 1976 nach Bensheim, später ist er in Bebra in der Diaspora tätig. 1986 wird er im Kloster Maria Linden in Ottersweiher zum Hausoberen ernannt. 1989 bis 1992 ist er nochmals zurück in Bebra. Als die Auflösung des dortigen Klosters ansteht, bittet er, nach Ave Maria in Deggingen versetzt zu werden, dorthin, wo er bereits einmal in der Vergangenheit eine Mai-Predigt gehalten hat. Die wunderschöne Wallfahrtskirche, erbaut zwischen 1716 und 1718, und die Gegend am Albtrauf haben ihn beeindruckt, das Klima ist dem in Sternberg ähnlich und tut ihm gut, zumal er gesundheitlich angeschlagen ist. Am 26.11.1992 siedelt er nach Deggingen über, welches ihm bald zu seiner zweiten Heimat wird.

Seit 1929 kümmern sich hier Kapuziner um die Seelsorge, das kleine Kloster wurde 3 Jahres später gebaut. Im Laufe der Zeit wird es um eine Franziskusgrotte, die Skulptur des Hl. Bruder Konrad und um den Franziskuspfad ergänzt und beherbergt in guten Zeiten 7 - 9 Brüder.

Die Kirche ist ein wahres Schmuckstück und zeugt von dem Glauben der früheren Generationen. Sie wurde mit kunstvollen Stuckornamenten und meisterhaften Gemälden von Handwerkern aus Deggingen und Umgebung ausgestattet. Im Zentrum jedoch steht der beeindruckende, von Engeln umgebene Hochaltar, der in seiner Mitte das Gnadenbild birgt, die Madonna mit dem Jesuskind, das Werk eines unbekannten Künstlers aus dem 15. Jahrhundert.

Pater Flavian erholt sich trotz der vielen Aufgaben, die ihm aufgetragenen wurden, hier gesundheitlich bei der Muttergottes, der er sich in seiner Jugend geweiht hat. Neben den Arbeiten zum Wallfahrtsseelsorger hält er auch Messen in den umliegenden Pfarrgemeinden und erobert durch seine warme und menschenfreundliche Art schnell die Herzen der Menschen. Er betreut die Senioren, die Kranken, übernimmt die Schwesternseelsorge, hält Trauungen, Goldhochzeiten, Taufen und Beerdigungen. Wallfahrtsgruppen wie die Banater Schwaben, die Russland-Deutschen, die Kroaten, um nur einige zu nennen, die in die Klosterkirche Ave Maria, die Perle des Filstales, pilgern, feiern mit ihm die heilige Messe. Jährlich segnet er hier die Motorradfahrer. Die Motorrad-Wallfahrt mit dem Bikervater Pater Flavian gehört inzwischen fest zur Tradition in Ave Maria.

Nach dem Weggang von Pater Wolfgang übernimmt Pater Flavian die zeitlich befristete Aufgabe des Hausoberen für 6 Jahre. Entspannung und Erholung findet der glühende Marienverehrer beim Gebet oder auf den Wegen um die kleine Kapelle Alt Ave, die in einem wasserreichen Quellgebiet steht, dort oben, am Ursprung der Wallfahrt, wo im 9. Jahrhundert einst mitten im kalten Winter ein Rosenstock geblüht haben soll, auf dessen Blättern der Gruß „Ave Maria“ zu lesen war. Im Mittelalter wurde dort eine Holzkapelle errichtet. An diesem gesegneten Ort hat man das Gefühl, dem Himmel ganz nah zu sein. Ein Platz der Ruhe und Besinnung in diesen hektischen Zeiten.

Tiefe Frömmigkeit und starken Glauben zeichnen den beliebten Pater aus. Nicht zuletzt deshalb ist er als Prediger bei Hochzeiten und Jubiläen sehr gefragt. Seine Mitbrüder schätzen ihn für seine Hilfsbereitschaft, Diplomatie und sein sensibles Gespür. Aber auch sein Talent als Koch ist gefragt, als er für ein halbes Jahr das Essen für die kleine Ordensgemeinschaft in Ave Maria zubereitet, weil sich nach Ausfall der Köchin kein anderer diese Aufgabe zutraut. Nicht nur sein selbstgemachtes Pflaumenmus, welches 4 Stunden köcheln muss und mit Ingwer und Zimt von ihm verfeinert wird, auch seine leckeren Bäckereien sind bei den Kapuzinern beliebt.

Er kennt Schicksalsschläge nicht nur aus Erzählungen, sondern aus eigener Erfahrung, und das merkt man ihm an. Trotzdem hat er in all den Jahren den Humor und die Freude an Gesang und eigener Dichtung nicht verloren. Wenn er als Anhänger von klassischer Musik seine kräftige Stimme im barocken Marienheiligtum erhebt, um die Verse, die er zu einer bekannten, wundervollen Melodie gedichtet hat, anzustimmen, berührt er die Herzen der Menschen tief. Die Menschen strömen nach Ave Maria zur Gottesmutter, zu Pater Flavian und seinen Mitbrüdern. Seine ruhige, bedachtsame Art, die aber auch eine gewisse Entschlossenheit nicht vermissen lässt, spiegelt die Menschenfreundlichkeit Gottes wider und das überzeugt viele und berührt die Seelen der Gläubigen. Er selbst ist tief im Glauben verwurzelt und orientiert sich an Jesus Willen. „Was er vorgelebt hat, kann man nachahmen“, sagt er lächelnd mit seiner eigenen, bescheidenen Art. Auch die Stellung Mariens in der Heilsgeschichte ist ihm sehr wichtig. Maria, die uns den Erlöser geschenkt hat und uns allen von Jesus am Kreuz zur Mutter gegeben wurde.

Wenn er Zeit hat, schreibt er Geschichten, Gedichte oder Liedtexte in Reimen auf, auf seine einzigartige Weise. Er verschenkt diese, wenn die Leute ihn nach Gebeten fragen. So kam im Laufe der Zeit eine kleine Sammlung zusammen.

Als im Mai 2017 bekannt wird, dass die Kapuziner das Kloster wegen mangelnder Nachfolge verlassen müssen, ist das für ihn und seine Mitbrüder eine Hiobsbotschaft. Sie sollen in andere Klöster verteilt werden, die Ordensgemeinschaft wird wohl auseinandergerissen. Ein schwerer Schlag für Pater Flavian, der inzwischen seit über 25 Jahren hier lebt.

Doch er gibt die Hoffnung nicht auf und glaubt fest daran, dass es der Herr recht fügen wird. Unterstützung aus der Bevölkerung und von den Wallfahrern wird den Brüdern zu teil, doch das Ende der Ordensgemeinschaft in Deggingen ist besiegelt. Am 28. Oktober 2018 endet nach fast 90 Jahren die Zeit der Kapuziner in Ave Maria. Die Brüder verlassen schweren Herzens diesen heiligen Ort. Eine Ära geht zu Ende.

Für Pater Flavian findet sich, nach langer Ungewissheit und einer für ihn schweren Zeit, doch noch eine Lösung. Altersbedingt hat er im benachbarten Bad Ditzenbach bei den Vinzentinerinnen eine Heimat und Aufgabe gefunden, wofür er sehr dankbar ist. Er besucht auch im stolzen Alter von 85 Jahren weiterhin seine Senioren und Kranken, hält regelmäßig die heilige Messe und hat die Freiheit zu tun, was er kann und möchte.

Hier ganz in der Nähe von Ave Maria und der Gottesmutter bleiben zu können, ist für ihn ein Wunder. Sein kleines bisschen Glück. Jetzt hofft er, hier den Rest seines Lebens verbringen zu dürfen und vor allem gesund zu bleiben. Einen kleinen, bescheidenen Wunsch hat er noch: Am Ende seines Lebens würde er gerne auf dem kleinen Kapuzinerfriedhof beim Kloster Ave Maria seine letzte Ruhe finden. Hoffen wir, dass Gott und die Gottesmutter es fügen werden.

Nicolas Knoblauch
zum 85. Geburtstag von Pater Flavian am 4.3.2020

Gottes Wege führen zu Gott.
Gott findet immer einen Weg.

Profess 17.09.1958 in Stühlingen

Kreuzsegnung 2010

Begrüßung von Wallfahrern 2001

Priesterjubiläum 24.08.2013

2018 im Kindergarten Reichenbach im Täle

Der Zauberring

Als ich des Morgens früh erwacht,
stand vor dem Bett ein Zwerg.
Er hat mir einen Ring gebracht,
den Ring vom Zauberberg.
Er sprach zu mir: „Auf diese Welt
darf ich all tausend Jahr,
das Sonntagskind den Ring erhält,
das immer folgsam war.
Am Abend komm ich wieder her
– wie schnell vergeht ein Tag –
den Ring bekommst du nimmermehr,
drum höre, was ich sag:
Wer diesen Ring zum Glänzen bringt,
kann Wunderbares sehen.
Er hört, was jeder Vogel singt
und kann das Huhn verstehen.
Drum nütz‘ die Zeit und sei nicht dumm,
schau nicht ins Sonnenlicht,
geh vorwärts nur, dreh dich nicht um.“
Darauf verschwand der Wicht.
Ich putzt‘ den Ring mit aller Kraft,
schon konnt‘ ich‘s leuchten sehen.
Tatsächlich, bald hat ich‘s geschafft
und konnte nun verstehen,
wie‘s Bett dem Tisch sein Leiden klagt:
„Ach, dieses freche Tier,
das dauernd mir im Leibe nagt,
ein Holzwurm, sag ich dir.“

„Ja, ja“, seufzt drauf der Kleiderschrank,
„mir geht es ebenso,
und sicher auch dem Tisch, der Bank,
auch sie sind ja nicht froh.“
Noch manche Klage drang ans Ohr,
ich tat, als hört ich‘s nicht,
schob an der Tür den Riegel vor
und trat ins Morgenlicht.
Ich ging und kam am Stall vorbei,
da brüllt der junge Stier:
„Ich will zur Wiese, mach mich frei,
muh, muh, was willst du hier?“
Und aus dem Stroh klagt es: „Miau!“
Es war der Kater Schreck.
„Wo bleibt denn meine liebe Frau,
miau, die Mietz ist weg.“
Ich kam am Hühnerstall vorbei,
da schrie ein Huhn: „Ga gack
ga gack, ich hab gelegt ein Ei,
ein großes, gack gagaaak!“
Im Garten rief der Apfelbaum:
„Ich hab der Äpfel viel,
so komm, denn ich erwart‘ es kaum,
dass du sie pflügst mit Stiel.“
Der Birnbaum aber zeigte mir
die Früchte voller Saft:
„Wenn du sie willst, ich schenk sie dir,
sie mehren deine Kraft.“
Auf meine Schulter setzte sich
die Hummel voll Gebrumm:

„Mein lieber Mensch, ich warne dich,
das Obst ist mir, summ summ."
Und auf dem Weg begegnet mir
ein kleiner Spitz und bellt:
„Wau, wau, ich bin, das sag ich dir,
der frechste Hund der Welt."
Der Hahnenfuß am Wiesenrain
sprach wiegend sich im Wind:
„Es kann für mich nichts schöner sein,
als wenn mich pflückt ein Kind."
Ein Stoppelacker linker Hand,
fünf Tauben sah ich drauf,
sie gurrten: „Gurr, gurr,
allerhand liegt hier" und flogen auf.
Und weiter ging ich durch das Feld,
da klagte mit die Maus: „Piep, piep,
wie schlecht ist doch die Welt,
zerstört ist mir mein Haus."
Ich kam an einem Teich vorbei,
drin schwamm ein Frosch herum,
er quakt mir zu: „Quak, quak, ei, ei,
bad' auch und sei nicht dumm."
Doch da kam Ente Wackelschwanz
und packt den Frosch am Bein:
„Wag, wag, dich wollt' die dumme Gans,
wag, wag, nun bist du mein."
Ein Stückchen weiter, hinterm See,
der Meister Lampe saß,
er mümmelte und von dem Klee
er eine Menge fraß.

Und als ich kam zum Tannenwald,
da raunte es mir zu:
„Wir sind schon hundert Jahre alt,
sag an, wie alt bist du?"
Und horch, ein Kuckuck: „Kuckuck!" schreit,
da blieb ich lauschend stehn,
„Ich hab ein gut getarntes Kleid,
kuckuck, kannst du mich seh'n?"
„Oh ja", sprach ich: „Du sitzt ja dort
auf einem Tannenast."
„Kuckuck!", rief er: „Ich fliege fort."
Ich aber machte Rast.
Als ich so eine Weile saß,
sah ich ein kleines Licht,
das immer näher kam durchs Gras,
ich traut' den Augen nicht;
denn kam da nicht ein Hochzeitszug,
zwei Glühwürmchen voraus,
die Zwergenbraut das Kränzchen trug,
die Schleppe trug die Maus.
Der Zwergenbräutigam war stolz
auf seinen bunten Rock,
er trug Pantöffelchen von Holz
und einen Knotenstock.
Darauf kam eine große Schar
von Zwergen, jung und alt,
ihr Hochzeitslied war wunderbar,
es schallte durch den Wald.
Sie sangen: „Heut' habt ihr gefreit,
wir wünschen euch viel Glück,

wir wünschen, dass ihr fröhlich seid,
wir wünschen euch viel Glück."
Den Bass spielte der Käfer Brumm,
die Pauke schlug der Fips,
die Flöte spielt die Biene Summ,
die Fidel Grille Zips.
Sie grüßten im Vorübergehen,
ich winkte und ich sprach:
„Oh könnte ich euch wiedersehen"
und blickte ihnen nach.
Nach einer Weile schrie es: „Huuu!",
da blickte ich empor,
es war, nun bitte rate du ...
die Eule Schleierohr.
Sie schrie: „Schuh huuu,
was mich's doch heute friert
und hungrig bin ich auch,
ich fraß 'ne Maus, die war krepiert
und seitdem knurrt mein Bauch."
Ich sagte zu ihr: „Ei der Daus,
ich dachte, du wärst klug."
„Schuhuu", nun lachte sie mich aus,
das ist ja Selbstbetrug.
Doch schau, wer winkt dort mit der Hand?
Ein Zwerg, er kam zu mir:
„Komm mit zu uns ins Zwergenland,
doch trink erst dieses Bier."
Ich setzt' das Krüglein an und trank,
für mich war's nur ein Schluck,
doch da, fast lachte ich mich krank,

ich wurd‘ ein kleiner Muck.
Wir liefen durch den Wald dahin
zu einer Felsenwand,
und sieh, da war ein Tor darin,
der Zwerg nahm meine Hand.
Wir kamen nun in einen Gang,
der finster war und kalt,
mir wurde es fast angst und bang,
denn „Huji!“ und „Ha!“ es hallt.
Auf einmal, „Brrr!“, da glotzte mich
ein Ungeheuer an.
„Nun“, sprach der Zwerg, „beruhig dich,
es dir nicht schaden kann.
Gleich kommt da noch der Geisterbock,
jedoch erschrecke nicht,
und dann auch noch der Geisterstock
und auch das Geisterlicht.
Sie lassen keinen Fremden ein,
doch du hast ja den Ring,
drum müssen sie dir dienstbar sein
und folgen deinem Wink.
Du brauchst den Ring nur einmal dreh‘n
und nennen deinen Wunsch.“
Gleich wollte ich die Wirkung sehen
und wünschte einen Punsch.
Und siehe da, der Zwerg hat recht,
der Geisterhund kam her,
mit einem Punsch, er roch nicht schlecht,
ich trank die Schale leer.
Ich dreht‘ den Ring und wünschte mir

im Zwergenland zu sein,
der Geisterbock war auch schon hier
und brachte uns hinein.
Wie schön gebaut war jedes Haus
und Kinder waren da,
die spielten lustig, riefen aus:
„Hurra, der Muck ist da!“
Ich wünschte schnell einen Karton
Pralinen feinster Art
und auch ein Säckchen mit Bonbon
und Würstchen, fein und zart.
Und schon bracht‘ mir der Geisterhund
ein Körbchen mit dem Schmaus,
von jeder Art so an zwei Pfund,
ich teilte alles aus.
Die Zwergenkinder freuten sich
und tanzten froh umher:
„Du kleiner Muck, wir lieben dich,
drum komm bald wieder her.“
Ich ging nun weiter mit dem Zwerg
und der erzählte dann,
dass man nur durch den Zauberberg
zu ihnen kommen kann.
„Und das geschieht all tausend Jahr‘,
erinnerst du dich nicht,
dass ich heut‘ Morgen bei dir war,
schau mir doch ins Gesicht.“
Doch da rief es: „Nun komm doch schon
zu unserm Hochzeitsschmaus!“
Da sprach der Zwerg: „Das ist mein Sohn“

und ging mit mir ins Haus.
Gar festlich war geschmückt der Tisch
mit Blumen und Kakteen,
in einem Glas ein gold'ner Fisch
war herrlich anzusehen.
Schnell wünschte ich der Braut zum Kleid,
von Gold und Silber schwer,
das allerfeinste Brautgeschmeid',
der Hund bracht' es mir her.
Dem Bräut'gam aber schenkte ich
so zwanzig Flaschen Wein,
sie freuten und bedankten sich
und luden mich nun ein.
Die Speisen wurden jetzt gebracht,
sie dufteten gar fein,
es wurde auch gescherzt, gelacht,
die Musik setzte ein.
Hmmm, schmeckte doch der Braten gut,
dann zarter Kaviar,
es funkelte des Weines Glut,
so leuchtend rein und klar.
Zum Nachtisch gab es Mokka-Eis,
mit Sahne fein verziert,
und eine Schale süßen Reis,
ich hab' davon probiert.
So schmausten wir und waren froh
und haben viel gelacht,
ein kleiner und ein großer Floh,
die haben Spaß gemacht.
Die Musik spielte auf zum Tanz,

es war ein Ringelrein,
doch siehe da, die gold'ne Gans
kam grad' zur Tür herein.
Sie wackelte der Mitte zu
und schnatterte drauf los:
„Ich brauche keine Stöckelschuh,
ich laufe meist auf Moos.
Nun bringe ich dem Hochzeitspaar
und auch dem kleinen Muck
das kostbar gold'ne Daunenpaar
aus meinem Federschmuck.
Berührt man damit Erz und Blei,
so wird es pures Gold.
Hier, nehmt die Daunen, eins, zwei, drei,
wenn ihr sie haben wollt."
Und voller Freud' sprach ich zu ihr:
„Du liebe gold'ne Gans,
von ganzem Herzen dank ich dir,
heißt du nicht Wackelschwanz?"
Sie schüttelte den Kopf und sprach:
„Ich heiße Betty Klaus,
der andre Name wäre Schmach,
doch du musst jetzt nach Haus."
Fürwahr, wie schnell verging die Zeit,
doch war es wunderschön,
so machte ich mich nun bereit,
um wieder fortzugeh'n.
Zum Abschied gab der alte Zwerg
mir eine Haselnuss:
„Und bist du hinterm Zauberberg,

dann iss sie mit Genuss."
Und ich verließ das Zwergenland,
wo's mir so gut gefiel
und hielt in meiner linken Hand
den gold'nen Federkiel.
So kam ich wieder in den Wald,
wo ich soviel geseh'n,
doch war es dunkel nun und kalt,
drum blieb ich erst mal steh'n.
Zuerst aß ich das Haselmark
und siehe, was geschah,
ich wurde wieder groß und stark
und rief: „Hurra, hurra!"
Ich hätt' es lieber nicht getan,
denn da rief einer: „Halt!"
Es war der Räuber Glotzdichan,
er hauste hier im Wald.
„Gib her das Gold in deiner Hand,
sonst mach ich dich zu Brei,
wie gut, dass ich so schnell dich fand,
gib's her, dann bist du frei."
Er griff nach meiner linken Hand,
ich setzte mich zur Wehr
und wünschte aus dem Geisterland
den Geisterstock hierher.
Mit einem „Hui!" war er schon da
und schlug den Räuber blau.
Der wusste nicht, wie ihm geschah,
er schrie nur immer: „Auuuuu!"
Ich hatt' verloren meinen Schatz

und wünscht' das Licht hierher.
Doch war mein Suchen für die Katz,
ich fand ihn nimmermehr.
Nun war ich wiederum so arm
wie eine Kirchenmaus,
vom Geisterlicht wurd' es mir warm,
es leuchtet mir nach Haus.
Ich setzt' mich auf des Bettes Rand
und dachte traurig nach,
der Zwerg auf einmal vor mir stand
und fordernd zu mir sprach:
„Gib mir den Zauberring zurück,
die Zeit ist nun vorbei,
ich weiß auch um dein Missgeschick,
doch mache kein Geschrei.
Geh in den Wald bei Mondenschein
und ist das Glück dir hold,
so ist die Daune wieder dein
und du hast wieder Gold."
Zum Abschied winkt er mit der Hand
und sagte: „Gute Nacht."
Drauf ging er wieder in sein Land,
wo ich den Tag verbracht.
Seither hab ich sie oft gesucht,
kam ohne sie zurück.
Hast du es auch schon mal versucht?
Vielleicht hast du mehr Glück!

20.10.1963

Die Wunderperle

Einst wanderte ich an das Meer,
ich hatte Hunger, Durst,
doch hatt' ich keinen Heller mehr,
nur einen Zipfel Wurst.
Nun wollt ich fangen einen Fisch
und warf die Angel aus
und schon biss an ein Königsfisch,
schnell zog ich ihn heraus.
Doch siehe da, er sprach zu mir:
„Werf' mich ins Meer zurück,
die Wunderperle hol ich dir,
sie bringt dir immer Glück.
Die Kranken mach mit ihr gesund
und so sollst du es tun:
Du legst sie ihnen auf den Mund
und nimmst als Lohn ein Huhn."
Nun ja, dacht' ich, das kann geschehen
und warf ihn in das Meer.
Schon bald konnt' ich es leuchten sehen,
der Fisch kam wieder her.
Er warf die Perle in den Sand,
sie glänzte hell und rein.
Ich nahm sie gleich in meine Hand,
nun war die Perle mein.
Den Zipfel Wurst warf ich ins Meer,
der Fisch fraß ihn gleich auf,
danach sah ich ihn nimmermehr,
mein Glück nahm seinen Lauf.

Ich ging nun wieder in die Stadt
und zwar ging ich nach Haus,
ich war ja müde jetzt und matt,
drum ruhte ich mich aus.
Als ich dann munter war und frisch,
nahm ich ein Zeichenblatt,
ich malte darauf einen Fisch,
der gold'ne Flossen hat.
Ich bin der Doktor Wundersam,
so schrieb ich noch darauf.
Schon bald der erste Kranke kam,
ich nahm ihn freundlich auf.
„Wo fehlt's Euch denn?", so fragte ich.
„Habt Ihr das Zipperlein?
Habt Ihr gar einen Sonnenstich?"
Doch dieser keuchte „Nein.
Ich habe Asthma, atme schwer,
ach, mach mich doch gesund."
Schnell holte ich die Perle her,
legt sie ihm auf den Mund.
Und siehe da, er war geheilt,
hatt' keine Schmerzen mehr.
Und gleich ist er nach Haus geeilt
und bracht' ein Huhn mir her.
Schon bald der zweite, dritte kam,
was sag ich, noch viel mehr,
der eine blind, der andre lahm,
ein dritter hinkte schwer.
Ein vierter klagte über 'n Kopf,
ein fünfter über 's Bein,

ein andrer hatte einen Kropf
und einer das Zipperlein.
Ich heilte alle, reich und arm,
nahm nur von Reichen Lohn,
bald hatt‘ ich eine Hühnerfarm,
gar tausend Hühner schon.
Und so bekam ich Huhn um Huhn,
hatt‘ keine Stunde frei.
Ich überlegte, was zu tun,
mich störte das Geschrei.
Ich hab verkauft den größten Teil,
bekam dafür viel Geld.
Die Menschen waren alle heil,
drum wollt‘ ich in die Welt.
Noch zwanzig Hühner blieben mir,
ich trieb sie an das Meer,
seit dem gibt‘s Wasserhühner hier,
sie schwimmen hin und her.
Ich selbst zog in die Ferne hin,
verdiente mich als Koch.
Und wenn ich nicht gestorben bin,
so leb‘ ich heute noch.

6.12.1963

Mit den Hirten zur Krippe

(Engel stehen an der unbeleuchteten Krippe, Hirten kommen von allen Seiten und lagern sich im Halbkreis an der rechten Seite)

1. Hirt:
Wie fiel mir das Hüten der Herde heut schwer,
die Schafe, mit Mühe nur bracht ich sie her,
sie wollten nach Betlehem mit aller Macht,
doch nun hoff ich auf eine ruhige Nacht.

2. Hirt:
Fürwahr, du hast recht, auch mir ging es so,
doch jetzt sind wir hier, wie bin ich so froh.

3. Hirt:
Wie seltsam, ihr Brüder, mir kommt's in den Sinn:
Es zogen viel Menschen nach Betlehem hin.
War's dies, was auch unsere Schafe bewog,
dass jedes in Richtung gen Betlehem zog?

1. Hirt:
In Betlehem gab's heut viel Lärm und Geschrei,
von überall strömten die Menschen herbei.
Sie kamen daher und wie jeder es weiß,
geschah es zur Zählung auf Kaisers Geheiß.

nach einer kurzen Stille

2. Hirt:
Doch hört nur, ein Lied in der Ferne erklingt,
wer wohl zu so später Stunde noch singt?

an der Krippe wird es hell

Lied: Menschen, die ihr wart verloren[1] – 1. Str.
Menschen, die ihr wart verloren,
lebet auf, erfreuet euch!
Heut ist Gottes Sohn geboren,
heut ward er den Menschen gleich.
Lasst uns vor ihm niederfallen,
ihm soll unser Dank erschallen:
„Ehre sei Gott, Ehre sei Gott,
Ehre sei Gott in der Höhe!"

3. Hirt:
So hört nur, ach hört nur, welch lieblicher Klang,
ich meine, ich höre der Engel Gesang.

2. Hirt:
Und seht, über Betlehem leuchtet ein Licht,
gewaltiger Stern, der ein Wunder verspricht.

1. Hirt:
Die Schafe, sie spürten, es ist was geschehn,
o könnten auch wir dieses Wunder nur sehn.

3. Hirt:
Nun kommt eine Wolke von Licht zu uns her.
Was dies wohl bedeutet? Ich fürchte mich sehr.

Engel:
Wir künden euch Freude, o fürchtet euch nicht,
in Treue erfüllt sich, was Gott je verspricht.

---

[1] Text: Christoph Bernhard Verspoell

Gabriel:
Das Wunder, ihr Hirten, verkünd ich euch gern,
ihr werdet ihn sehn, euren Hirten und Herrn.

Engel:
Wir künden euch Freude, o fürchtet euch nicht,
in Treue erfüllt sich, was Gott je verspricht.

Gabriel:
Gott sandte uns Engel hernieder zur Erd,
dass allen, die glauben, die Botschaft nun wird.

Engel:
Wir künden euch Freude, o fürchtet euch nicht,
in Treue erfüllt sich, was Gott je verspricht.

Gabriel:
Nach ewigem Ratschluß verließ Gottes Sohn
die Herrlichkeit Gottes, den himmlischen Thron.

Engel:
Wir künden euch Freude, o fürchtet euch nicht,
in Treue erfüllt sich, was Gott je verspricht.

Gabriel:
Er kam in die Armut, wollt Bruder euch sein,
wer glaubt und wer liebt, der erkennt ihn allein.

Engel:
Wir künden euch Freude, o fürchtet euch nicht,
in Treue erfüllt sich, was Gott je verspricht.

Hirten:
Ihr Engel, so soll es denn wirklich geschehn,
dass wir unsern Retter und Herrn sollen sehn?

Engel:
Ja, freut euch, ihr Hirten, und fürchtet euch nicht,
in Treue erfüllt sich, was Gott je verspricht.

Gabriel:
So eilet in Demut zur Krippe, zum Stall
und betet ihn an, den Herrscher des All.

Hirten:
Gepriesen sei Gott, der die Kleinen erwählt,
bei dem weder Stolz noch Ansehen zählt.
Drum auf denn, wir wollen nicht länger verweilen,
wir wollen zum Kindlein nach Betlehem eilen.

Alle gehen zur Krippe.

Lied: Zu Betlehem geboren…[2]

Zu Bethlehem geboren
ist uns ein Kindelein.
Das hab ich auserkoren,
sein eigen will ich sein.
Eia, eia, sein eigen will ich sein.

In seine Lieb versenken
will ich mich ganz hinab;
mein Herz will ich ihm schenken
und alles, was ich hab.
Eia, eia, und alles, was ich hab.

O Kindelein, von Herzen
dich will ich lieben sehr
in Freuden und in Schmerzen,

---

[2] Friedrich Spee von Langenfeld, 1637

je länger mehr und mehr.
Eia, eia, je länger mehr und mehr.

Dich wahren Gott ich finde
in meinem Fleisch und Blut;
darum ich fest mich binde
an dich, mein höchstes Gut.
Eia, eia, an dich, mein höchstes Gut.

Dazu dein Gnad mir gebe,
bitt ich aus Herzensgrund,
dass dir allein ich lebe
jetzt und zu aller Stund.
Eia, eia, jetzt und zu aller Stund.

Lass mich von dir nicht scheiden,
knüpf zu, knüpf zu das Band
der Liebe zwischen beiden,
nimm hin mein Herz zum Pfand.
Eia, eia, nimm hin mein Herz zum Pfand.

Dezember 1982

LIEDER

11 Gedichte zu singen nach der Melodie „Von guten Mächten“

1. Zur Taufe

1.) Du großer Gott, wir kommen heut voll Freude
zu dir ins Gotteshaus und bitten dich:
Nimm gnädig unser Kind in deine Liebe
und schenk ihm deine Freundschaft ewiglich.

Kehrvers

2.) Begleite es auf allen seinen Wegen,
bewahre es vor Unheil, Not und Leid.
Und schenk ihm allzeit deinen reichen Segen,
dir sei Lob, Ehre, Ruhm und Dank geweiht.

Kehrvers

3.) Oh Herr, in deine übergroße Liebe
empfehlen wir uns selbst dir immerdar.
Vor allem alle unsre lieben Kinder,
denn deine Liebe, die ist wunderbar.

Kehrvers

2. Zur Hochzeit

1.) Ihr habt die Wahl fürs Leben nun getroffen
und glaubt daran, dass sie Erfüllung bringt.
Der Segen Gottes lässt euch beide hoffen:
mit seiner Hilf' die Ehe euch gelingt.

Kehrvers

2.) Die Liebe möge nie in euch erkalten.
Beim Herrn, da findet ihr stets neue Kraft.
Damit ihr euch die Treue auch könnt halten,
wenn Krisen kommen, die das Leben schafft.

Kehrvers

3.) Darum befehlt dem Herrn das ganze Leben,
er schütze gnädig euch mit seiner Hand.
In schweren Zeiten mög' er Halt euch geben
und allzeit segnen euren Ehestand.

Kehrvers

3. Zur Silberhochzeit

1.) Ihr habt die Wahl fürs Leben einst getroffen
und habt geglaubt, dass sie Erfüllung bringt.
Der Segen Gottes ließ euch beide hoffen:
„Mit seiner Hilf' die Ehe uns gelingt."

Kehrvers

2.) So gingt ihr in den fünfundzwanzig Jahren
gemeinsam euren Weg durch diese Zeit.
Ihr durftet Gottes Gnade stets erfahren,
er war bei euch in Freud' und auch im Leid.

Kehrvers

3.) Darum befehlt dem Herrn das weit're Leben,
er schütze gnädig euch mit seiner Hand.
In schweren Zeiten mög' er Halt euch geben
und allzeit segnen euren Ehestand.

Kehrvers

4. Zur Goldenen Hochzeit

1.) Ihr seid zur Gold'nen Hochzeit heut gekommen
ins Gotteshaus und danket unserm Herrn,
dass er in seinen Segen euch genommen,
in Freud und Leid, er ist euch niemals fern.

Kehrvers

2.) Vertraut dem Herrn auf euren Lebenswegen,
er schütze euch. Was er versprochen hat,
erfüllt er, schenkt euch seinen reichen Segen,
begleitet euch mit seiner Lieb' und Gnad'.

Kehrvers

5. Zum Priesterjubiläum

1.) Ich danke, Herr, für deine große Güte,
in der du huldvoll mich berufen hast,
zu dienen dir als Priester in den Menschen.
Es ist mir Freude, sei mir niemals Last.

Kehrvers

2.) Mit deiner Gnade hast du mich begleitet
in all' den Jahren bis zum heut'gen Tag.
Hast Wege zu den Menschen mir bereitet,
dafür ich Dank und Lobpreis dir heut sag.

Kehrvers

3.) So gebe ich mich ganz in deine Hände,
dein Wille soll geschehen allezeit.
Und alles Unheil du in Segen wende,
auf allen Wegen schenk mir dein Geleit.

Kehrvers

6. Zum Ordensjubiläum

1.) Erlöst sind wir durch Jesu Kreuz und Leiden,
dass wir dem Herren dienen allezeit.
Durch nichts von ihm uns trennen und nicht
scheiden,
ihm treu zu dienen seien wir bereit.

Kehrvers

2.) Ich selbst habe vor nunmehr sechzig Jahren
das Ordensleben frei für mich erwählt.
Und habe dabei allezeit erfahren,
auch in der größten Not Gott zu mir hält.

Kehrvers

3.) Drum sage ich ihm Dank für seine Treue
und seine Liebe, die er mir stets schenkt.
Ich übergebe mich ihm stets aufs Neue
und bitte ihn, dass er mich immer lenkt.

Kehrvers

7. Zum Heimgang

1.) Gott war mit dir (ihr/ihm) in all' den vielen Jahren,
was immer dir (ihr/ihm) das Leben hat gebracht.
Du (sie/er) durftest (durfte) seine Güte stets erfahren,
denn Gottes Engel gaben auf dich (sie/ihn) acht.

Kehrvers

2.) Nun ist dein (ihr/sein) Lebensweg ans Ziel gekommen,
Gott nahm dich (sie/ihn) auf in seine Herrlichkeit.
Hat Mühsal, Not und Leid von dir (ihr/ihm) genommen
und schenkt dir (ihr/ihm) Leben in der Ewigkeit.

Kehrvers

8. Zur Motorradwallfahrt

1.) So fahren wir bei Sonnenschein und Regen
und freuen uns der Schönheit der Natur.
Wir fahren unsrem Ziele froh entgegen,
entdecken überall des Schöpfers Spur.

Kehrvers

2.) Gott sei mit uns auf allen unsern Wegen,
was immer uns begegnet Tag und Nacht,
begleite uns mit seinem reichen Segen
und seine Engel geben auf uns acht.

Kehrvers

9. Für Senioren

1.) Gott war mit euch in all den vielen Jahren,
was immer auch das Leben euch gebracht.
Ihr durftet seine Güte stets erfahren,
in Freud und Leid, bei Tag und auch bei Nacht.

Kehrvers

2.) Vertraut dem Herrn auf allen euren Wegen,
er ist getreu. Was er versprochen hat,
erfüllt er, schenkt euch seinen reichen Segen,
begleitet euch mit seiner Lieb‘ und Gnad‘.

Kehrvers

10. Zum Geburtstag

1.) Weit war der Weg, du bist ihn treu gegangen
durch Höhen, Tiefen bis zum heut'gen Tag.
Vor … Jahren hat er angefangen,
der Herr allein weiß, was noch kommen mag.

Kehrvers

2.) So wünsche ich dir heute Gottes Segen,
er schütze dich auf deinem Lebenspfad,
begleite dich auf allen deinen Wegen
mit seiner Liebe und mit seiner Gnad.

Kehrvers

11. Zur Jahreswende

1.) Oh Herr, das alte Jahr ist nun vergangen,
es brachte uns manch' Freude, manches Leid.
Doch schreiten wir ins neue ohne Bangen,
denn dir gehören Zeit und Ewigkeit.

Kehrvers

2.) Vertrauen wir uns alle Gottes Segen,
er schütze uns auf unsrem Lebenspfad.
Begleite uns auf allen unsren Wegen
mit seiner Liebe und mit seiner Gnad.

Kehrvers

GEDICHTE

Vertrieben aus der Heimat

Vor einigen Jahren, ich war noch ein Kind,
musst ich schon erfahren, was Sorgen sind.
Wir wurden vertrieben aus Heimat und Haus
und zogen verarmt in die Fremde hinaus.

In einem Viehwagen, es war eine Schand,
fuhr man uns einfach aus dem Heimatland.
Wir kamen nach Hessen, in dieses Land,
es ist gar manchen wohl bekannt.

Und in Bischhausen, in diesem Ort,
starb nach fünf Jahren mein Mütterlein fort.
Das Grab war noch frische, da trug man, o weh,
den Vater zu Grabe, auch das tat uns weh.

So sind wir alleine, verlassen vom Glück
und hoffen dennoch, es käme zurück.
Eins ist uns geblieben, der Glaube an Gott,
er wird uns auch bleiben bis in den Tod.

September 1952

Vor fünfundsechzig Jahren
schrieb ich die Verse hin,
hab Freud und Leid erfahren
und doch ich dankbar bin,
dass mich auf allen Wegen
begleitet Gottes Huld
mit ihrem reichen Segen.
Er hat mit mir Geduld.
Er ist mein lieber Vater,
hab mich ihm anvertraut.
Der Geist ist mein Berater,
helfend er auf mich schaut.
Jesus, der mich erlöst hat,
ihm dank ich allezeit,
als Priester ihm zu dienen,
bin ich auch gern bereit.
Ich weihte mich Maria
nach meiner Eltern Tod,
seither ist sie mir Mutter,
bittet für mich bei Gott.
Wie war ich doch so glücklich
an ihrem Gnadenort,
muss ich nun wirklich scheiden,
muss ich von hier nun fort?
Allein Gott kann es fügen,
wie es wird weiter sein,
er wird mich nicht betrügen,
ich füge mich darein.

14.06.2017

Heimweh

O Heimat, wie bist du so ferne von mir,
wo ich verbracht meine Jugendzeit.
Doch immer erreget die Sehnsucht zu dir
mein Herz und erfüllt es mit großem Leid.

Die jungen Gespielen, das väterlich Haus
erfüllten mein früheres Jugendglück.
Es trieb in die Ferne mich mächtig hinaus,
wie möcht ich so gerne zu dir zurück.

Es war doch so schön, bei den Eltern zu sein,
umringt von der lieben Geschwister Paar.
Nun bin ich verlassen und auch ganz allein
und denke noch immer: Wie schön es war.

So gehn die Gedanken nach meinem „Daheim",
ich trage geduldig mein traurig Geschick.
Doch Gott wird – so hoffe ich – gütig mir sein
und wandeln die Trauer in ewiges Glück.

24.03.1953

Deine Mutter

Der gute Geist in jedem Haus,
das ist das Mutterherz,
es sorgt für dich tagein, tagaus
in Freud und auch in Schmerz.
Es kennt nicht Ruh noch Müßigkeit,
hat keine Zeit dafür,
ist milde Schlichterin im Streit,
auch dafür danke ihr.
Läßt Gott sie lange bei dir sein,
dann dank für dieses Glück
und liebe sie durch folgsam sein,
zu spät denkst du zurück.
Wenn Gott sie ruft, so hadre nicht,
sie ist ja doch bei dir
mit ihrer Lieb, du siehst sie nicht,
und sorget weiter hier.
Dann denke auch in stiller Stund'
an sie oftmals zurück,
voll Lob und Rühmen sei dein Mund,
sie schenkte dir viel Glück.

05.02.1955

Wer Gott verläßt…

Es leuchten die Sterne durch Nacht und Zeit
dem Wandrer auf Erden zum Troste,
damit er erkenn Gottes Herrlichkeit
und ihn nicht durch Stolz noch erboße.

Der Mensch ist so klein und doch so begehrlich,
verachtet Berufung und meidet das Licht,
das Gott ihm geschenkt, so rein und so herrlich,
zur Rettung der Seele, doch mag er es nicht.

In seiner Verblendung strebt er nach Gütern
vergänglichen Wertes, vergänglichen Glücks
und sieht nicht die Not bei eigenen Brüdern,
die seufzend ertragen die Last des Geschicks.

So muß er zerbrechen im Dunkel der Zeit,
es scheint ihm kein Stern und kein Licht,
wie er gelebt, so in Ewigkeit
es ihm dann an Freuden gebricht.

18.08.1957

Mahnung

Von dem Gipfelpunkte deines Lebens
schaust du in vergangne Zeit zurück,
ja in Zeiten ruhelosen Strebens,
da du suchtest Ruhm und Gut und Glück.
Gott gab dir Zeit, vor ihm die Knie zu beugen
in Demut, Liebe und in Dankbarkeit,
daß du ihm deine Ehrfurcht magst bezeugen,
o Mensch, dazu sei immerdar bereit.
Und hast du dich erschöpft durch weltliches
Betragen,
vom Geist der Welt getrieben und gehetzt,
dann spürst du deiner Seele Bangen und Verzagen,
bis einst dein Fuß zum letzten Gang ansetzt.
Gott ist der Ursprung allen Lebens,
in seiner Hand sind Werden und Vergehn,
der suchet Ruh und Fried vergebens,
der nicht den Weg zum Vaterherz mag gehen.

18.08.1957

Die Meise

*Eine Meise klopft ganz leise
an mein Fensterlein,
zwitschert leise ihre Weise,
möcht zu mir herein.
Möchte gern picken von den Krumen,
die ich hingestreut
vor dem Väschen mit den Blumen,
'*s ist doch Sonntag heut.
So, nun komm und pick recht flink
von den Kuchenkrümelein,
schau, da kommt auch noch ein Fink,
nun bist du nicht mehr allein.
Wie die beiden um die Wette
picken, was ich hingestreut,
ach, wenn ich doch mehr noch hätte,
geb es euch aus lauter Freud.
Seht, nun heben sie das Köpfchen,
nicken dankbar, zwitschern leise.
Haben nun gefüllt ihr Kröpfchen,
wie der Fink so auch die Meise.*

20.10.1957

Frohe Botschaft

*Es liegt die Welt in tiefer Nacht,
fast alle Menschen schlafen,
nur ein paar Hirten halten Wacht
zu Feld bei ihren Schafen.
Doch plötzlich wird es hell um sie,
ein Engel in grellem Licht
erscheint, sie sinken in die Knie.
„O Hirten, fürchtet euch nicht",
so spricht er sie an mit freundlichem Wort.
„Der Heiland ist heut' geboren,
er stieg hernieder vom ewigen Hort,
zu retten, was verloren."
Die Hirten eilen nach Betlehem,
ein jeder, so schnell er nur kann,
sie wollen das Kindlein doch sehen,
sie sehn es und beten es an.
O Wonne, Glück, o Seligkeit,
o Kindlein, lieb und hold.
Sieh, unser Herz sei dir geweiht,
nimm's hin, als wär es Gold.*

05.01.1958

Auserwählung

O Herr, du hast mich auserkoren,
ich soll ein Hirte sein,
damit die Menschen, die verloren,
ich führe zu dir heim.

In deiner großen Gnade
hast du mich auserwählt.
Ach, warum mich gerade,
ob es dir so gefällt?

Es gibt doch sicher viele,
die besser dienen dir,
die treuer deine Ziele
verfolgen würden hier.

Warum mich armen Sünder,
unwürdig deiner Gnad,
hast du erwählt als Künder,
als Sämann deiner Saat.

Was wäre denn mein Leben
ohn' deine Gnad und Huld,
du hast es mir gegeben,
ich steh in deiner Schuld.

Ja, alles was ich habe
gehört zu eigen dir
und nur als Leihegabe
soll ich's gebrauchen hier.

Ich leg's in deine Hände
dankbar und froh zurück,
denn du bist ja am Ende
allein mein ganzes Glück.

Drum dank ich dir von Herzen,
dass ich dein Kind darf sein.
In Freuden und in Schmerzen
will ich mich dir nur weih'n.

28.02.1958

Pfingsten

Du heil'ger Geist der Stärke,
dir kann nichts widerstehn,
und dort, wo du am Werke,
wir Wunderdinge sehn.

O, komme auf uns nieder
in Sturm und Feuersglut,
schenk deine Gnad uns wieder,
gib Kraft und gib uns Mut,
damit wir mutig stehen,
wo du uns hingestellt.
Erfüll mit deinem Wehen
die weite, weite Welt.

25.05.1958

Heilige Dreifaltigkeit

Ehre dir, Dreifaltigkeit,
Lob und Ruhm in Ewigkeit.
Vater, der uns innig liebt,
Leben schenkt und Gnade gibt.
Sohn, der du in Güt und Huld
tilgtest unsre Sündenschuld.
Heilger Geist, du unsre Kraft,
wenn wir müde und erschlafft.

Dir, o Gott, sei allezeit
unser Preis und Dank geweiht.
Höre gnädig unser Flehn,
wollest huldvoll auf uns sehn.
Sieh, wir bitten für die Sünder,
nimm sie auf als deine Kinder.

Denen, die an Krankheit leiden,
schenke du Genesungsfreuden.
Sterbenden sei sichrer Hafen,
nimm zu dir, die schon entschlafen.
Heimkehr denen, die gefangen,
schenke, Herr, lass sie nicht bangen.
Die ein schweres Kreuz zu tragen,
stärke, Herr, dass sie nicht zagen.

Gib und sende Glaubenskünder,
da die Menschen deine Kinder.
Wollest Kraft den Brüdern geben,
die in der Zerstreuung leben.
Hungernden gib Trank und Speise.
Schutz sei allen auf der Reise.

Deinen Dienern schenke Gnade,
führ sie auf dem Tugendpfade.
Wollest, Herr, die Christen einen,
sei du Vater all den Deinen.
Gib uns Frieden allezeit,
jetzt und in der Ewigkeit.
Heiligste Dreifaltigkeit,
dir sei unser Dank geweiht.

16.04.1961

Unsre Lebensreise

Herr, auf dieser Pilgerreise
sei uns Trank und sei uns Speise,
dass wir nicht ermüden;
denn der Weg ist steil und steinig
und die Feinde sind sich einig,
wenn sie uns bekriegen.
Bist als Mensch zu uns gekommen,
hast die Schuld von uns genommen
durch dein bittres Leiden.
Hast dein Blut für uns vergossen,
draus das Heil für uns entsprossen,
komme, wenn wir scheiden.
Herr, hab Dank für dein Erbarmen,
deine Liebe zu uns Armen,
die auf dich vertrauen.
Einst wirst du als Lohn uns geben,
wenn wir treu war'n, ew'ges Leben,
dürfen dich dann schauen.

14.08.1058

G e b e t

Herr, wie kann ich dich recht preisen,
dir nur Lob und Dank erweisen,
dir, dem Heiland aller Welt.
Möchte danken für die Liebe,
bitten, dass sie bei uns bliebe,
bist's der uns am Leben hält.
Satan möchte uns verführen,
dass Ruhm und Ehr, die dir gebühren
wir ihm mögen geben.
Um uns nun aus Satans Ketten,
seinen Fesseln zu erretten,
gabst du hin dein Leben.
Herr, du hast dein Kreuz getragen
und ich sollte gleich verzagen,
wenn das meine scheint so schwer?
Ja, ich will an dich dann denken,
meine Schritt zu dir hinlenken,
bitten, deine Gnade mehr.
Wenn die andern mich verhöhnen,
will ich's tragen ohne stöhnen,
denken an dein bittres Leid;
denn du littest ja unschuldig,
wie ein Opferlamm geduldig,
schenk mir deine Gnad allzeit.

Wenn ich mich mal muß verteidigen,
laß mich andre nicht beleidigen,
gib mir rechte Worte ein.
Laß in Liebe uns versöhnen,
nicht dem Haß, der Zwietracht fröhnen,
laß uns echte Brüder sein.
Herr, wie können wir in Frieden
mit dem andern sein hinieden,
wenn in unserm Denken
Neid und Zwietracht, Zorn regieren,
stets im Herzen Kriege führen,
wollst uns Frieden schenken.
Herr, wenn wir die andern hassen,
niemals können davon lassen,
sollten wir dich lieben?
Nein, denn nur wer deinen Willen
froh bereit ist zu erfüllen,
der wird recht dich lieben.
Und so will ich oft dran denken,
dass ich mich dir ganz will schenken,
ganz dein Eigen möchte sein.
Lehre du mich recht verstehen
deinen Weg, den ich möchte gehen,
ja, laß mich ganz dein Eigen sein.

08.09.1958

Ostern

Osterglocken klingen durchs Land,
künden von Frieden und Freude.
Christus von den Toten erstand,
sterbend er den Tod überwandt,
zittere, höllische Meute.

Jesus kam in unsere Nacht,
die wir ja selber verschuldet,
hat uns Licht und Leben gebracht,
uns erlöst mit göttlicher Macht,
Marter und Qualen erduldet.

Osterglocken rufen durchs Land:
Christus von den Toten erstand.

05.03.1959

Maientag

*Mittagsstille überm Land,
nur ein Glöckchen klingt,
drüben an des Waldes Rand
ein Kapellchen winkt.
Selbst die Vöglein sind verstummt,
ruhn ein wenig aus.
Eifrig's Bienchen jetzt noch summt,
sucht den Weg nach Haus.
Doch die Quell' im Eichenhain
plaudert, schwätzt und lacht,
springt gar über Stock und Stein,
freut sich ihrer Macht.
Bächlein schlängelt sich durchs Feld,
glucksert froh dabei,
meint, dass ihm gehört die Welt,
fühlt sich frisch und frei.
Und ich ruh am Bergeshang
nah dem Eichenwald,
lausche still des Glöckleins Klang,
das herüberschallt.*

07.05.1959

Abendstimmung

Leise sinkt die Nacht hernieder
und die Erde atmet aus,
nur der Nachtigallen Lieder
tönen um das stille Haus.

Aller Lärm des Tages schweiget,
Abendstille überall
und der erste Stern sich zeiget
droben an dem Himmelssaal.

Und ich weiß mich wohlgeborgen
in des Gottes Vaterhand.
Warum sollte ich mich sorgen,
er wacht über Volk und Land.

12.05.1959

Jakob, der Hirt

Vom Norden weht der Wind so kalt,
ein alter Hirt hält Wacht,
er lauscht dem Lied, das fern erschallt
gar lieblich durch die Nacht.

Und in der Ferne steht ein Stern
am Himmel hell und klar,
in seinem Leben wohl noch nie
er einen solchen sah.

Er staunt und sinnt, was das wohl sei,
da wird es hell um ihn,
aus seinem Mund löst sich ein Schrei,
geblendet fällt er hin.

Voll Staunen hört der alte Mann,
der Heiland sei geboren,
vom Himmel er herniederkam,
zu retten, was verloren.

In Betlehem in einem Stall
liegt er im Krippelein,
er, den nicht fasst das Weltenall,
er wird ein Kindlein klein.

Der Hirte eilt, so schnell er kann,
zum Stall, zur Krippe hin,
sinkt in die Knie und betet an
das Kind in Demutsinn.

Er möchte aber doch zu gern
das liebe Kindlein tragen,
und sieh, die Mutter unsres Herrn
reicht es ihm ohne Zagen.

Voll Ehrfurcht, wenn auch ungeschickt,
hält er's in seinen Armen
und freut sich, daß es ihn anblickt
voll Liebe und Erbarmen.

Er herzt mit ihm, als wär's sein Kind,
wird selbst zum Kinde dann
und alle, die im Stalle sind,
sehn beide staunend an.

Jetzt wird der Stall – sonst kalt und leer –
von hellem Glanz erfüllt
und mitten in dem Lichtermeer
der Hirt und 's Kindlein mild.

Und jauchzend singt ein Engelchor
mit frohem Jubelschall:
„Gott in der Höhe soll Ehre sein
und Fried' den Menschen all."

25.10.1959

Der Flüchtling

Auf nächtlicher Straße mit eil'gem Schritt
der Flüchtling trotz Sturmwind und Regen,
er ließ seine Heimat und Habe zurück,
um sicher in Freiheit zu leben.

Er konnte nichts retten, er ließ alles stehn
und floh vor dem Feind ohne Zagen,
er hatte nicht Zeit nach rückwärts zu sehn,
nicht Zeit zum Trauern und Klagen.

Wirst du ihn verstehn, wenn du nicht geteilt
sein trauriges Los, seine bittre Not,
wenn du nicht selbst in der Fremde geweilt,
nicht selbst in der Fremde gegessen dein Brot.

12.09.1961

Schatten sinken,
ein Tag
geht zu Ende.
Mühe und Not
treten zurück.
Das müde Herz,
sich sehnend nach Ruh',
blickt zu den Sternen,
die vom Himmel
ihm winken…
ein Gruß
des ewigen Du!

08.02.1960

Gefunden

Lang suchte ich,
bis ich die Lilie fand.
Ich grub sie aus
mit meiner bloßen Hand
und pflanzte sie
in meinen Garten ein,
nun blüht sie fort,
erfreut das Herze mein.
Und abends
bei der Dämmerung Schein,
wenn müde ich
von Tages Müh und Last,
halt ich bei ihr
ein wenig meine Rast
und atme tief
den Duft, den würz'gen ein,
bis Friede senkt sich
in das Herze mein.

18.02.1960

Mein Sternberg

Du traute Stadt am Bergeshang,
wie sollt' ich dich vergessen.
Mußt ich auch fort
vom Heimatort,
der mir so lieb gewesen.

O Sternberg, wo mein Vaterhaus
und meine Wiege stand,
wo Kinderzeit
und Kinderfreud,
wo Kinderglück ich fand.

Ich denke gern an dich zurück,
wo glücklich ich gewesen,
bringt auch die Zeit
mir Freud und Leid,
nie werd ich dich vergessen.

In meinem Herzen trage ich
dein Bildnis rein und klar,
wohn ich auch fern,
ich hab dich gern,
denk deiner immerdar.

O Sternberg, teure Heimat,
wo meine Wiege stand,
wo meine liebe Mutter
mir in der Kindheit sang.

In deinen trauten Straßen
hab ich gespielt als Kind,
dann mußt ich dich verlassen,
doch die Erinnerung
soll nie in mir verblassen,
bis ich dich wiederfind.

04.03.1960

Komm, Herr

Den ganzen Tag
hielt ich Ausschau nach dir.
Vergeblich, Herr,
ich sah dich nicht.
Nun sinkt die dunkle Nacht
auf die ruhende Welt
und verhüllt
allen Kummer und Schmerz.
Wartend auf dich,
will ich entzünden
ein Licht,
daß du den Weg
gleich zu mir findest.
Ich warte – warte.
Ich weiß, du kommst
und das genügt.

28.07.1960

Geheimnis der Nacht

Behutsam legt die Nacht
ihren Schleier
über die ruhende Welt.
Einsam ein Mensch noch wacht,
blickt auf zum Sternenzelt.
Er lauscht.
In die Stille
geheimnisvoll
eine Stimme spricht:
„Freund, kennst du mich nicht?
Ich habe den ganzen Tag
gewartet auf dich,
ich rief,
doch du hörtest mich nicht.
Du leihtest dein Ohr
nur dem Lärm der Zeit.
Hör meine Stimme,
die Stimme der Ewigkeit.
Mache dich auf
und komme zu mir,
meine ganze Liebe
schenke ich dir."
Sinnend
schaut der Mensch
in die sternklare Nacht.

Er lauscht,
doch nur das Rauschen
des Bachs
unter seinem Fenster
dringt an sein Ohr.
O, geheimnisvoll
schweigende
redende Nacht.

19.08.1960

Letztes Sehen

Ein Knabe in den Garten geht
und pflückt Vergissmeinnicht.
Die Sonne hoch am Himmel steht,
der Knabe beachtet sie nicht.
Mit einem Sträußchen in der Hand
tritt er an der Mutter Bett.
Der Knabe sie immer noch schlafend fand,
drum spricht er sie an:
„Mutter, was schläfst du so lang,
hör doch den Ruf deines Kindes."
Die Mutter bleibt still,
da wird es ihm bang,
vor ihrem Bett in die Knie er sank,
er fasst ihre Hand,
ihre Stirne er küsst,
seine Mutter er zum letzten Mal grüßt
und legt in ihre erkaltete Hand
Vergissmeinnicht,
die zum Strauße er band.
Und unter Tränen er leise spricht:
„Warum, Mutter, gute,
verließest du mich?"

28.11.1960

Zum Jubiläum

Du hast gedient in vielen Jahren
dem Herrn, der deinen Namen rief,
ob Freud, ob Leid Begleiter waren…
du warst getreu.
Zwar konnt' es sein, dass Stunden kamen,
da dir dein Kreuz zu schwer erschien,
der Eifer drohte zu erlahmen…
du warst getreu.
Dein Herr ist dir vorangegangen
den Weg des Kreuzes hin zum Sieg.
Du brauchst nicht zagen, nicht zu bangen…
bleib nur getreu.
Und wenn du so den Weg vollendest,
mag steinig er gewesen sein,
der Herr ihn dann zum Guten wendet…
er ist getreu.

01.01.1961

Die Finsternis trotz ihrer Macht
hat es noch nie zustand gebracht,
zu löschen einer Kerze Licht,
sei diese noch so klein und schlicht.

03.01.1961

Kerzenschein

Milder Kerzenschein,
strahlendes Licht,
leuchtest hell und rein,
erlösche nicht.

Brennst jetzt ganz ruhig,
kein Lüftchen sich regt,
doch zuckende Flamme
vom Luftzug bewegt.

Still sich verzehrend
brennst du herab,
dessen Lob mehrend,
der „sein“ dir gab.

Du Abbild in Wahrheit
der ewigen Sonn’,
der ewigen Klarheit,
des Gnadenbronn.

03.01.1961

Erinnerung

Gern denkst du an das Glück
vergangner Tage zurück.
Deine Gedanken in Weiten
vergangener Zeit
entgleiten.
Vergiß dein Leid
für kurze Zeit.
Wie ein schöner Traum
ziehen die glücklichen Stunden,
die entschwunden,
nun wiedergefunden,
an deinen Augen vorbei.
Ja, gern denkst du zurück
an vergangener Tage Glück.

15.01.1961

Bitten

Schenke, Herr, mir dein Erbarmen,
neige dich zu mir herab,
blicke huldvoll auf mich Armen,
deine Liebe Sein mir gab.
Siehe, leer sind meine Hände,
doch bereit, dich zu empfangen,
komm und stille mein Verlangen.
Nicht dein Antlitz mir verhülle,
komm mit deiner Gnadenfülle.

15.01.1961

Sendung

„Unablässig geht mein Ruf
an dich bei Tag und Nacht.
Ich bin dein Gott, der dich einst schuf,
verschließ dich nicht und hör den Ruf,
lass alle Sorgen nur beiseit'
und mache dich für mich bereit.
Ich will dich senden in mein Land,
zu Arm und Reich, zu jedem Stand.
In meinen Weinberg geh' die Welt,
mein Weinberg ist erst halb bestellt,
bring allen meine Kunde,
hör meinen Ruf zur Stunde."

„Ich habe ihn gehört, mein Gott,
sieh her, ich bin bereit,
dein Weg mag steinig sein und weit,
ich weiß, du hilfst mir allezeit,
du bist getreu, mein Gott.
Mit Leib und Seele weihe ich
mich freudig deinem Dienst,
sei du mein Licht und leite mich,
dein Herold sei ich ewiglich,
dein Dienst ist Königsdienst."

„So nenne ich dich nicht mehr Knecht,
mein Freund sollst du mir sein.
Dein frohes Opfer ist mir recht,
soll mir willkommen sein.
Gehe hin in meinem Namen,
gehe hin in alle Welt,
künde allen mein Erbarmen,
meine Liebe zu den Armen,
die als Erben ich bestellt.
Gehe furchtlos deinen Pfad
in froh und trüben Stunden,
ich bin bei dir mit meiner Gnad,
wenn dir ein tödlich Unheil naht,
kein Feind soll dich verwunden.

07.02.1961

Gott dein Leben,
er dein Streben.
Gott deine Kraft,
wenn du erschlafft.
Gott dein Licht,
fürchte dich nicht.

18.03.1961

Promitto

Herr, du hast mich gerufen,
dein Jünger soll ich sein.
An des Altares Stufen
will ich mich ganz dir weihn.
Du kanntest mich, noch eh ich war,
umsorgtest dann mein Leben,
für mich hast du dein Leben gar
am Kreuz dahingegeben.
Ja, deine Liebe ist so groß,
du gibst dich mir zur Speise,
du bist mein Stab, mein Schutz, mein Trost
auf dieser Pilgerreise.
In deiner Güte hast du mich
zum Jünger ausersehn.
Sieh gnädig her und neige dich
gar huldvoll meinem Flehn.
Ich weihe dir Herz, Geist und Sinn,
mich selber ganz und gar.
Herr, nimm mein Opfer gütig hin,
schenk Gnad mir immerdar.

03.04.1961

Hilf, Herr

Jesus, der du hast dein Leben
für mich Sünder hingegeben,
dass ich nicht verloren sei.
Innig bitt ich, steh mir bei,
wenn mein Kreuz mir scheint zu schwer,
wenn ich mein, ich kann nicht mehr,
wenn mich Satan will betrügen,
wenn ich in Gefahr zu lügen,
wenn die andern mich verlassen,
wenn ich in Gefahr zu hassen,
wenn mich Hochmut will regieren,
wenn den Mut ich will verlieren,
dann, mein Jesus, steh mir bei,
Zuflucht, Hilf und Trost mir sei.
Schenk mir immer deine Gnade,
leit mich auf des Lebens Pfade,
steh mir bei im letzten Streit,
dir gehör ich allezeit.

13.04.1961

Eichhörnchen

In unserer Tanne dichtem Geäst
haben Eichhörnchen ihr Nest.
Morgens früh, wenn die Sonne aufgeht,
der Wind frisch durch die Äste weht,
wird es im Gipfel schon munter,
Eichhörnchen klettern am Stamm herunter.
Machen Toilette, putzen das Fell,
dann geht's zum Frühsport flink und schnell.
Baum auf, Baum ab, die tolle Hatz
von Ast zu Ast mit einem Satz.
Den Schwanz als Segel gereckt,
die Füße von sich gestreckt,
so landen sie sicher und stolz,
fühlen sich wohl im Gehölz.
Doch bald stellt sich der Hunger ein,
wie könnte es auch anders sein,
nach all dem Springen und Purzeln
über knorrige Tannenwurzeln,
nach all dem Klettern und Tollen
über Zweige und Astknollen.

Nach Zapfen wird nun gehascht,
vom Samen ein wenig genascht.
Nüsse vom Haselstrauch
knacken die Eichhörnchen auch.
Der Tau ist ihr Morgentrank,
putzen die Pfötchen blank,
drauf springen sie weiter mit Schwung,
die Eichhörnchen, alt und jung.

13.04.1961

Der Wanderer

Der Wanderer in tiefer Nacht
erkennt nicht Form noch Farbenpracht
der ihn umgebenden Natur.
Er wandert durch die weite Flur
und fühlt sich einsam und allein,
doch wandert er bei Mondenschein
und sieht der Sterne stille Pracht,
die ihn begleitet durch die Nacht,
dann fühlt er, dass noch einer wacht,
er, der die Welt hervorgebracht.
Wenn langsam dann der Morgen graut,
die Gräser frisch noch und betaut,
der Lerche früher Morgenruf
zum Schöpfer dringt, der sie erschuf,
und wenn dann noch der Sonne Licht
sich in des Taues Perlen bricht,
dann staunt er und ist tief beglückt
und über alle Pracht entzückt.
Er wandert in den Tag hinein
und freut sich übern Sonnenschein;
doch wenn ihm dann der Mittag naht,
wird hungrig, durstig er und matt.
Die Sonne heiß vom Himmel sticht,
der Schweiß ihm aus den Poren bricht,
das Wetter freut ihn gar nicht mehr,

das Wandern fällt ihm auch schon schwer
und doch muss er noch weiter gehen,
die nächste Stadt ist fern zu sehen.
Die trockene Kehle schnürt ihn zu,
ach könnt er rasten, hätt er Ruh;
doch um ihn her nur Sonnenbrand
und einsam liegt das weite Land.
Er schleppt sich müd' die Straße lang,
ihm sinkt der Mut, es wird ihm bang
und nur mit allerletzter Kraft
hat er es endlich doch geschafft.
Im Rasthaus sinkt er auf die Bank,
bestellt erst einen kühlen Trank,
trinkt gierig ihn in einem Zug,
lässt nochmals bringen einen Krug.
Dann ißt er reichlich und auch gut,
es kehrt zurück sein froher Mut.
Drauf ruht er eine kurze Zeit
und ist am Nachmittag bereit,
zu wandern in die Heimatstadt,
die lang er nicht gesehen hat.
Die Sonne brennt jetzt nicht mehr so,
er atmet auf und wandert froh,
von fern hört er des Kuckucks Schrei,
ein Bienchen summt am Ohr vorbei.
Erfüllt ist rings die Luft von Sang,
vom Berg erschallt der Glocke Klang

und als die Sonne tiefer sinkt,
von Ferne ihm die Heimat winkt.
Er grüßt sie froh und schreitet aus
und hofft: Bald bin ich ja zu Haus.
So wandert er voll Zuversicht,
die Müdigkeit verspürt er nicht.
Die Flur ringsum im Abendschein,
sie scheint in Gold getaucht zu sein.
Und als die Sonne untergeht,
der erste Stern am Himmel steht,
erreicht er froh sein Elternhaus.
Der Vater kommt zur Tür heraus,
umarmt ihn glücklich, dass gesund
der Sohn zurückgekehrt zur Stund.
Er führt ihn liebevoll ins Haus,
serviert ihm einen Festtagsschmaus.
Es wird getanzt, gespielt, gelacht
bis in die tiefe Mitternacht.
Und als man dann zu Bette geht,
der Sohn am offenen Fenster steht.
Er überdenkt, was er geseh'n,
am Himmel schon die Sterne steh'n.
Von Fern ertönt der Eule Schrei,
der Wandertag ist nun vorbei.

14.05.1961

Dein Bild

Auf meinem Schreibtisch habe ich
dein Bildnis aufgestellt,
das die Erinnerung an dich
in mir stets wach erhält.
Es ist, als sähest du mir zu,
gleich so, als wärst du hier.
Was ich nun sinne oder tu',
dein Blick ruht stets auf mir.
Drum fühle ich mich nicht allein,
ich weiß, du denkst an mich,
kann ich auch selbst nicht bei dir sein,
so denk ich doch an dich.
So wandern die Gedanken um
in einem Augenblick;
von mir zu dir und wiederum
von dir zu mir zurück.

28.05.1961

Gott führt dich sicher durch das Leben,
vertrau auf ihn, er will dir gut,
für dich hat er sich hingegeben,
vergoß für dich sein eignes Blut.

10.09.1961

Ewiger Vater

*Ewiger Vater, blicke nieder
auf dein Kind, das zu dir fleht,
schenke deine Gnad mir wieder,
höre gnädig mein Gebet.
Sieh, ich komm in trüben Stunden,
komme auch in Freud zu dir,
immer hab ich Trost gefunden,
immer wieder hilfst du mir.
Warum sollte ich verzagen?
Du bist mächtig, du bist reich,
darf dir meine Not ja sagen
und du hilfst mir auch sogleich.
Darum geb ich meinen Willen
froh und gern dir, Vater, hin.
Deinen Willen zu erfüllen,
immer ich bestrebet bin.*

14.09.1961

Weihegebet

Jesus, ew'ger Hoherpriester,
schenke deine Gnade mir,
sieh, ich knie vor dir nieder,
nimm mich auf, ich weih mich dir.
Arm und schwach wie alle andern
bin ich, doch du bist mir Kraft.
Kurz ist unser Erdenwandern,
schnell vorbei die Pilgerschaft.
Darum will die Zeit ich nützen,
wie du willst, eh' sie vorbei,
wollst mich leiten, wollst mich schützen,
daß vorm Feind ich sicher sei.
Laß erkennen deinen Willen
mich, den du erwählet hast,
ihn zu achten, zu erfüllen,
sei mir niemals eine Last.
Herr, du sollst bereit mich finden
jederort und jederzeit,
bis dein Ruf mir einst wird künden
„Komme in die Ewigkeit".

31.10.1961

Herbst

Herbstlich bunt sind schon die Wälder,
Blatt um Blatt zu Boden fällt.
Abgeerntet sind die Felder
und die Äcker sind bestellt.
Stürme rütteln an den Bäumen,
schütteln reife Früchte ab.
Bauer, für die vollen Scheunen
dank dem, der den Segen gab.

31.10.1961

Jahreswende

Wie eine Frucht, die ausgereift,
so ging das alte Jahr zu Ende
und eh' der Mensch es recht begreift,
vollzog zum Neuen sich die Wende.
Was du im alten Jahr versäumt,
die Zeit, die du nicht wahrgenommen,
der Augenblick, den du verträumt,
wird dir nicht nochmals wieder kommen.
Das neue Jahr, das vor dir liegt,
verbirgt noch, was es dir wird bringen,
ob Leid, ob Freude überwiegt,
ob deine Pläne dir gelingen?
Doch schreite mutig in das Jahr
und berge dich in Gottes Hände
und bet, in Glück und in Gefahr,
daß alles er zum Besten wende.

01.01.1962

Sende, Herr, in deiner Huld,
ihn, den du verheißen hast,
dass er tilgt die Sündenschuld,
von uns nimmt die Sündenlast.

Höre doch der Menschen Ruf
nach Erlösung und nach Glück.
Deine Liebe, die uns schuf,
reiß vom Abgrund uns zurück.

Laß uns, Herr, nicht irregehn,
send den Heiland bald herab,
höre gnädig unser Flehn,
Du, der uns das Leben gab.

01.01.1962

Letztes Blatt am Baumesast,
wartest, dass der Wind dich fasst,
um mit dir dann ohne Rast
sein Spiel zu treiben.

Zappelst hin und zappelst her,
warten wird dir wahrlich schwer,
dir gefällt es gar nicht mehr
am Baum zu bleiben.

Einmal, ach, du merkst es kaum,
wird erfüllt dein schöner Traum
und wie leichter Seifenschaum
zerrinnt er wieder.

Jeder Traum geht ja vorbei,
ob er kurz, ob lang er sei,
schließlich fällst du – schwebest frei –
zu Boden nieder.

11.0.1.1962

Dos Meisle

Ich ho a klanes Vogelhaisle
grod vor mei Fenster hingehenkt
und jeden Morgen kimmt a Meisle
und pickt, wos ich ihm ho geschenkt.
Amol hat ich es gonz vagessen,
dos Meisle, oba 's wor geschickt,
a Weil hots vor meim Fensta g'sessen
und hout mim Schnobel dragepickt,
bis hout gemerkt, dos ich jetzt kumm,
do flogs a Stick vum Fensta weg,
ja, ja, dos Meisle wor nie tumm,
es schat, ob ich ihm Futta leg.
Und kaum ho ich dos Fenster zu,
konn ich's scho wieder picken hean,
mei Meisle pick nur immer zu,
ich geda doch die Kernlen gern.

04.12.1967

Adventsgleichnis

Advent, o stille Zeit,
du mahnst, seid stets bereit,
es kommt nun Jesus Christ,
der unser Retter ist.

Das grüne Tannenreis
der Hoffnung: Sinnbild sei's,
dass sich all unsrer Not
erbarmet unser Gott.

Der Kerze milder Schein
will uns ein Sinnbild sein
fürs Licht der Heil'gen Nacht,
das uns Maria bracht.

So wie der Kerze Licht
die Finsternis durchbricht,
hätt' Christus gern die Welt
mit seinem Licht erhellt.

Und kommt einmal der Tag,
da er anklopfen mag,
dann lasse du ihn ein,
er will ja Freund dir sein.

04.12.1967

O Herr, in kranken Tagen
will ich nicht lange fragen:
Warum gerade ich?
Gib du mir Kraft zu tragen
mein Leiden ohne Klagen,
sieh, ich vertrau auf dich!

20.01.1969

Gott die Ehr'

Kann man preisen Menschenpfade?
Gott allein gebührt die Ehr'.
Priester sein ist eine Gnade
und der Dienst ist hoch und hehr.
Zunge preise Gottes Walten
immer, auch in Freud und Leid,
nur der Herr kann uns erhalten,
er allein, der Herr der Zeit.
Recht auf ihn sich zu verlassen,
Pfade gehen, die er uns beut,
alle lieben, keinen hassen,
treu ist er in Ewigkeit.
Er allein ist unser Rater,
Richter, Retter, güt'ger Vater.

21.03.1978

Mutter, du milde,
vor deinem Bilde
knie ich hier.
Voller Vertrauen,
Hoffen und Glauben
ruf ich zu dir.
Dir ich befehle
Leib, Geist und Seele,
Leben und Tod.
Du mich begleite,
hilfreich zur Seite
in jeglicher Not.

13.09.1961

„Wenn die letzten Schweine das Haus verlassen,
geht eine Epoche zu Ende.
Dann macht man sich so seine Gedanken“

Es lebten einst in Ruh und Frieden
zwei Schweine in dem kleinen Stall,
die jede Hast und Eile mieden,
die es ja sonst gibt überall.

Kein Radio stört ihre Ruhe
und Fernsehn war ganz unbekannt.
Es stört kein Meckern, keine Gemuhe
und keine Uhr tickt an der Wand.

Jedoch worauf sie sich sehr freuten,
das war der Zuspruch in den Tag:
„Hört ihr die Morgenglocke läuten?
Drum höret fein, was ich euch sag!

Lobt euren Schöpfer, der es wollte,
dass ihr zwar rundlich, aber fein,
doch keins von euch fett werden sollte.
Ich schütt euch jetzt das Fressen ein.“

So sprach der Bruder jeden Morgen,
wobei er ihnen zugelacht.
Den Schweinen galt sein erstes Sorgen,
ja manchmal noch bis in die Nacht.

Und diese grunzten froh und heiter
und taten so, wie er's begehrt.
'S gab Klee und Kleie und so weiter,
sie fraßen alles ungestört.

Sie grunzten hoch, sie grunzten tief,
sie brauchten sich ja nichts zu borgen;
und während jedes wohlig schlief,
macht sich der Bruder um sie Sorgen:

„Was wird denn bloß aus meinen Schweinen?
Die Schlachtung steht ja vor der Tür.
Werd' eine Abschiedsträne weinen.
Daß es so kommt, kann ich dafür?"

Um nicht den Jammer zu erleben,
trat er die Urlaubsreise an.
„Mag doch ein andrer ihnen geben
die Henkersmahlzeit, ich's nicht kann."

Zu Joachim sprach er mit Beben:
„Wenn Montag sie der Metzger holt,
musst ihnen das Geleite geben,
bis durch das Tor der Wagen rollt.

Gib dreimal ihnen noch die Speise,
vergiß auch gute Worte nicht,
damit vor ihrer letzten Reise
sie sehn ein trautes Angesicht."

Nun schlummern längst sie in der Truhe,
zu Schnitzel, Bratfleisch gut zerteilt.
Wir gönnen ihnen ihre Ruhe
und wissen, daß Zeit Wunden heilt.

Sie war'n die letzten, die er hegte,
so groß war stets sein Abschiedsschmerz.
Gar wenn ein Krankes er dann pflegte,
sie wuchsen ihm ja so ans Herz.

Nun macht er Urlaub in Neu-Morschen
und führt den Hund durch die Natur.
Er meint, wir würden ihn verorschen,
doch sagen wir die Wahrheit nur.

Juli 1978

Zur heiligen Kommunion

Wie groß zu uns ist Gottes Liebe,
er schenkt sich selbst uns Menschen hin.
So schenk auch du ihm deine Liebe,
denn Gottes Freundschaft – dein Gewinn.

Heut durftest du zum ersten Male
hinzutreten zu dem Altar,
empfingst im heil'gen Abendmahle
ihn, der auch dein Erlöser war.

Er sei dir Schutz auf deinen Wegen,
begleite dich in Freud und Leid.
Er schenke seinen reichen Segen
dir jetzt und in all Ewigkeit.

27.05.1979

Fußball

Dabei sein ist alles!
Im Falle eines Falles
erlebt man gar ein Tor,
so etwas kommt schon vor.
So mancher schaut gern zu
in aller Seelenruh
und geht auch richtig mit,
hofft: „Dabei werd ich fit."
Es macht ja großen Spaß,
sieht man das grüne Gras,
ach nein, es heißt ja Rasen,
dort tummeln keine Hasen.
Vielmehr das „Leder" rollt,
so ist es ja gewollt.
Mit ihren Fußballbeinen
laufen sie hinter einem
Fußball her,
das ist schwer.
Ich gäb auf jeden Fall
jedem einen Ball.
Das Spiel wär dann schnell aus,
Flavian, bleib besser zu Haus.

17.10.1979

L i e b e

Kennst du der Liebe Gleichnis und Bild?
Denk an die strömende Quelle,
gleichsam wie diese sprudelt und quillt,
alles mit ihrem Segen erfüllt,
so auch verschenkt sich die Liebe.
Sieh, wenn die Quelle einmal versiegt,
dann wird es öd um sie her,
einsam, verlassen die Quelle liegt
und auch kein Moos mehr sich um sie schmiegt,
denn sie verströmt sich nicht mehr.
Wo keine Liebe das Leben durchdringt,
da herrschen Zwietracht und Neid,
da herrschen Selbstsucht und niederer Instinkt,
das dann am Ende des Lebens bringt
Verzweiflung und Trostlosigkeit.

28.05.1961

Von Herzen möcht' ich singen,
überall sollt' es erklingen,
welch Erbarmen Gott uns schenkt,
daß er unsre Wege lenkt.
Er, der keinen je betrügt,
hat es wunderbar gefügt,
ihm in Menschen zu begegnen,
denn er wollte uns ja segnen.
Drum, mein Heiland, dir sei Dank
heute und mein Leben lang.

11.11.1980

Im Wartezimmer

Du sitzt in einem Wartezimmer
und schaust zur Tür.
Unruhig pocht dein Herz noch immer,
du fragst dich nur: „Wofür?“

Du schaust dich um, siehst die Gesichter,
bewegungslos sitzt jeder da,
du schaust zur Decke, siehst die Lichter,
ein jeder ist dir fern und nah.

Du holst tief Luft und stößt sie aus,
du wirst gepreßt – befreit.
Du wärst am liebsten schon zu Haus,
langsam vergeht die Zeit.

Erlösend hörst du deinen Namen,
dir ist es wie ein Traum,
wie viele vor dir – nach dir kamen,
du weißt und merkst es kaum.

23.06.1981

M o s e

Als der Dornbusch brannte,
Mose Gott erkannte,
der ihm immer nah.
Aus den Feuerflammen
tönte Gottes Namen:
„Ich bin für euch da!“

Nie wird Gott uns weichen.
In den Feuerzeichen
zeigt er, daß er treu.
Nicht nur im alten Bunde,
auch in unsrer Stunde
wird sein Segen neu.

Herr, nimm weg die Hülle,
daß des Segens Fülle
komm auf uns herab.
Deines Feuers Gluten
mögen in uns fluten,
sei uns Schutz und Stab.

17.11.1981

Laß mich das Licht in deinem Lichte schauen

Gehalten sind des Menschen Leibesaugen!
Er stürbe, säh er Gott in Glanz und Herrlichkeit.
Um in die Sonn' zu schauen sie nicht taugen,
solang sie nicht gewandelt für die Ewigkeit.

Einst schaute Mose Gott von Angesichte.
Der Herr wählt ihn zu seinem Werkzeug aus,
war er nicht da gewandelt in des Herren Lichte?
Von seinem Antlitz gingen Strahlen aus.

So jedes Mal, wenn er mit Gott gesprochen
und wieder dann zurückkam zu dem Volke,
hat er mit einem Schleier erst den Glanz gebrochen,
der ihm zuteil war in des Herren Wolke.

Der Engel stärkte einst Elia mit der Speise,
in deren Kraft Elia durch die Wüste schritt.
Gar vierzig Tage dauerte die Reise,
in dieser Zeit er keinen Hunger litt.

Und dort am Horeb sollt er Gott erleben.
Erst kam ein Sturm, der Berg und Felsen spalt,
und nach dem Sturm kam ein gewaltig Beben,
ein mächt'ges Feuer kam in seiner Urgewalt.

Doch erst als sanftes Säuseln er verspürte,
verhüllte der Prophet sein Angesicht,
denn jetzt zog Gott vorüber, der ihn führte
bei allem Tun in seiner Gnade Licht.

Drei Jünger waren Zeugen jener Taborstunde,
da Jesu Lichtglanz übertraf der Sonne Schein.
Sie hörten auch aus Mose und Elia Munde,
welch Leidensweg soll Jesus nun beschieden sein.

Doch was sie da gehört, sie konnten es nicht fassen,
darum wollt Petrus hier drei Hütten baun,
sie wollten diese Stunde nicht vergehen lassen,
sie wollten Jesus immer nur im Lichtglanz schaun.

Jedoch wer stürzte einst geblendet von dem Pferde,
als wie ein Blitz ihn traf des Herren Licht.
Welch stolzer Mann lag hilflos nun auf dieser Erde
und hört, wie Jesu Stimme zu ihm spricht:

„Du sollst von nun an meinen Namen treu bekennen,
den du verfolgt in meinen Dienern hast,
du kannst von deinem Schicksal dich nicht trennen,
ist's auch verbunden gar mit Müh und Last."

03.02.1982

O Mensch, was deinen Augen auch verborgen,
kann Gott dir schenken in des Glaubens Kraft.
Was nützte dir auch all dein ängstlich Sorgen,
es ist doch Gott, der all die Wunder schafft.

03.02.1982

Einst kniete ganze versunken im Gebete
Franziskus einsam auf Alvernas Höhn
und voller Innigkeit zu seinem Herrn er flehte,
Er lasse auch an ihm sein Kreuz geschehn.

Da sah in Majestät und Lichterglanze
er einen Seraph huldvoll sich ihm nahn,
er spürt sein Herz durchbohrt von einer Lanze,
die Wunden Christi auch an seinem Leib geschahn.

Zugleich durchdrangen ihn des Herren Liebesgluten,
sein Herz zerbarst beinah vor Glück und Pein
und nie gekannte Wonnen ihn durchfluten,
er stimmt ins Lob auf den Allgüt'gen ein.

17.10.1982

Sextaner wünschen meinen Steckbrief

Ich wurde geboren
mit niedlichen Ohren
am vierten März,
das ist kein Scherz.
In welchem Jahr
das war?
Streng deinen Kopf mal an
und rechne dann.
Neunzehnhundertsiebzig ich war
so alt wie das Jahr,
in dem ich das Licht erblickte,
den ersten Schrei in die Welt schickte.
Man nannte mich Otto Franz,
nicht Max und nicht Hans.
Ich komme aus dem Sudetenland,
in Hessen ich eine neue Heimat fand.
Ich trat in den Orden,
bin Kapuziner geworden
und wie jeder nun weiß,
Pater Flavian Ascher ich heiß.
Nun in Bebra ich wohn
vier Jahre schon.
Das ist meine Geschichte
und da ich gern dichte,
hab ich ein paar Verse gemacht,
damit ein jeder lacht.

09.11.1982

Heiliger Josef

Heil'ger Josef, Gottes Willen
war für dich das höchste Ziel,
ihn von Herzen zu erfüllen,
war kein Opfer dir zu viel.

Drum hat Gott in seiner Güte
dich erwählt von Ewigkeit,
Sohn und Mutter zu behüten
auf dem Weg durch diese Zeit.

Gottes Sohn sprach zu dir ‚Vater',
hat die Kirch dir anvertraut.
Sei Beschützer, Helfer, Rater
jedem, der auf dich vertraut.

Schau auch heute voll Erbarmen
auf die Not, in der wir stehn,
tröste, heile, hilf den Armen,
höre gnädig unser Flehn.

Sieh, die Welt verführt vom Bösen
treibt dem ew'gen Abgrund zu.
Gott allein kann sie erlösen,
doch Sankt Josef, hilf auch du.

19.03.1983

Marienweihe

Maria, Mutter mein,
laß stets dein Kind mich sein.
Immer huldvoll auf mich schau,
der ich dir vertrau.
Wende doch die Not,
bring alles ins rechte Lot.
Zeig mir jetzt dein Angesicht
und säume nicht.
Maria, Mutter mein,
laß mich nicht allein:
denn ich bin DEIN.

19.03.1983

Ave Maria

Jubelt der Mutter zu
in frohen Chören,
Ave Maria, du
wollst uns erhören.
Ave Maria, ave Maria ...

Ave, o Königin,
des Himmels und der Erde.
bitte bei Gottes Thron,
dass sein Heil uns werde.
Ave Maria, ave Maria ...

Möge der Avegruß
immerfort klingen,
Engel und Menschen
mögen ihn singen.
Ave Maria, ave Maria ...

Sept. 1988 (wenn ich ein Glöcklein wär...)

Der Herr mit seinem Segen,
er komm und segne dich
auf allen deinen Wegen
heute und auch ewiglich.
Auf seinen Schultern trage
er dich, du bist sein Kind.
Und Freud und Leid ihm sage,
bei ihm stets Hilfe find.
Maria aber schenke
dir ihre Mutterlieb'.
Voll Treue an sie denke,
dein Herz ihr übergib.

14.05.1995

Abba Vater

*„Abba“ Vater darf ich sagen,
so hat Jesus uns gelehrt.
Alles darf ich zu dir tragen,
was mein Herz erfreut – beschwert.
Hast du selbst es nicht verheißen:
„Vertraue mir, ich sorg für dich.“
Ich will dir danken, dich lobpreisen.
Vater, ja, ich glaub an dich.
„Könnt eine Mutter je vergessen
ihres Kindes“, so du sprichst:
„Wer kann meine Liebe messen,
Kind, schau, ich vergess dich nicht.“
Vater, liebster Vater mein,
laß mich bei dir geborgen sein.*

15.11.1997

Heiligès Herz Jesu

Jesu Herz, ich bete an
deiner Liebe große Macht,
die ich niemals fassen kann,
die auch über mich stets wacht.
Hast am Kreuz dich hingegeben,
– Sühneopfer für meine Schuld –
dass ich wieder könnte leben,
o, du hast mit mir Geduld.
Sieh, ich komme mit Vertrauen,
berge mich im Herzen dein,
laß mich deine Güte schauen,
will nur dienen Gott allein.

17.11.1997

Abendfrieden

Nach des Tages Müh und Last
halt ich eine stille Rast
auf der Bank, auf dem Balkon.
Droben auf dem Dach saß schon
unsre Amsel jubilierend,
in höchsten Tönen tirilierend.
Jeden Abend sitzt sie da,
für mich ist das wunderbar.
Sie erfreut mir mein Gemüt
mit manchem wunderschönen Lied.
Doch Antwort gibt ihr aus dem Tal
eine Amsel ihrer Wahl,
mit der sie um die Wette singt,
was meinen Ohren herrlich klingt.
Ich dank euch Amseln, singt immer so,
das macht mich innerlich auch froh.
Das lässt vergessen mich die Sorgen,
ich denk an heute, nicht an morgen.
Denn jeder Tag
hat seine Plag.

23.06.2017

Danken möchte ich voll Freude
meinem Herrn, der Leben schenkt,
der voll Liebe mich bis heute
auf den Lebenswegen lenkt.

Als vor nunmehr sechzig Jahren
seinen Ruf ich hab verspürt,
Jahre, die gesegnet waren,
weil er selbst mich hat geführt.

Drum weih ich mein weitres Leben
bis zum letzten Atemzug,
voll Vertrauen ihm ergeben,
dann wird für mich alles gut.

Meinen Eltern möchte ich danken,
die den Glauben mich gelehrt,
dass ich ohne jedes Wanken
mich zu Gott hab hingekehrt.

Danken möcht ich allen Scharen,
die voll Lieb mir allezeit
betende Begleiter waren,
in der Freude und im Leid.

Ihnen möchte Dank ich sagen
für alles, was sie mir geschenkt,
fürs Gebet und gute Wünsche,
Gott auch ihre Wege lenkt.

Gott möge sie auf allen Wegen
begleiten mit seinem reichen Segen.

17.09.2017

Besuch vom Nikolaus

Der Nikolaus, noch lebet er
und macht den Kindern Freude,
drum kommt er auch zu euch hierher,
einmal im Jahre, heute.
Er kommt nun auch in euer Haus
mit frohmachenden Geschenken,
er packt sie gerne für euch aus,
dass ihr mögt an ihn denken.
Da er nicht überall sein kann,
schickt Helfer er auch aus,
die bringen seine Gaben dann
in jedes Kinderhaus.

06.12.2018

Osterglocken

Osterglocken leuchten ins Herz
wie kleine, liebe Sonnen.
Sie können lindern jeden Schmerz
und schenken dir auch Wonnen.

Sie rufen dir voll Freude zu:
„Streck dich dem Licht entgegen,
dann findest die Erfüllung du,
dein Leben wird zum Segen!“

Drum heb die Augen auf zum Herrn,
der nur dein Bestes mag.
Seit Ewigkeit hat er dich gern,
darum niemals verzag.

Er kann die schlimmste Dunkelheit
in helles Licht verwandeln.
Vertraue ihm in Freud und Leid,
vertraue seinem Handeln.

29.03.2019

Groß ist die Liebe unsres Herrn,
der für uns das Beste will,
darum dien' auch ich ihm gern
und was er schickt – ich halte still.
So schuf er für die Ewigkeit
den Menschen, den er liebt.
Begleitet ihn zu aller Zeit,
darum stets sein Gnad' ihm gibt.
Der Mensch hat es in seiner Macht,
zu wählen zwischen Hass und Heil,
was er zum Schluss hervorgebracht,
das wird ihm ewig auch zuteil.
Drum sei ein Mensch, der Liebe schenkt
dem Herrn, dem Freund, dem Feind,
wer so nur an das Gute denkt,
der ist mit Gott vereint.
Vom Freunde fällt der Abschied schwer,
wenn plötzlich Gott ihn holt,
Erinnerung, sie bleibt daher
auf Erd' und ist gewollt.

06.05.2019

Erntedank

Nicht erst in der Erntezeit
soll uns Dank bewegen!
Denn der Herr schenkt allezeit
seinen reichen Segen.

So will ich von Anfang an
Freude, Leben schenken,
dass wir liebevoll auch dann
dankbar an ihn denken.

Doch wie oft vergessen wir
ihn, der uns so liebt,
der durch seine Gnade hier
allezeit uns gibt.

Darum lasst uns Dank IHM sagen
für Nahrung, Blumen, was er gibt.
Lasst unsre Sorgen zu ihm tragen,
er hilft uns, weil er uns so liebt.

12.10.2019

Dichten können

Dichten können – eine Gabe,
die der Herr mir hat geschenkt,
die ich nicht von mir aus habe,
da Er die Gedanken lenkt.

Doch Talente haben alle,
der eine eins, der andre viel,
es kommt drauf an in jedem Falle,
er nutzt es und kommt so ans Ziel.

Mir bleibt es, nur noch Dank zu sagen,
ich tu's so gerne allezeit,
das ist ja besser als zu klagen
über Sorgen oder Leid.

Allen möchte ich Freude schenken.
Mit Humor und Zuversicht
möchte die Gedanken lenken
auf das Gute, verzaget nicht.

08.11.2019

Erlösung

Für das Leben schuf uns Gott,
sein Geschöpf, das er so liebt,
nicht fürs Sterben, für den Tod,
drum Erlösung er uns gibt.

Seinen Sohn er zu uns sandte,
der am Kreuz erlöst uns hat
und voll Lieb sich zu uns wandte
und Verzeihung uns erbat.

Glaubte doch der Mensch der Schlange
und er aß vom Lebensbaum,
doch da wurde es ihm bange,
wie Gott zu sein, das war sein Traum.

So kam das Unheil in die Welt,
Krankheit, Leid und auch der Tod.
Nur Gottes Gnade uns erhält,
danken wir dafür auch Gott?

18.11.2019

Mein Dank

Kann den Herrn genug ich preisen,
der mir seine Liebe schenkt,
ihm stets meinen Dank erweisen,
der all meine Wege lenkt.
Ihm hab ich mich ganz ergeben,
seit er mich berufen hat,
ihm vertrau ich an mein Leben,
weiß er doch den besten Rat.
In der Not stand er zur Seite,
spürte seine Nähe oft,
nicht umsonst ich mich ihm weihte,
habe nie umsonst gehofft.
Wurd' uns nicht der Rat gegeben:
„Wirf deine Sorgen auf den Herrn,
er schenkt dir sein eignes Leben."
Ja, ihm diene ich so gern.
Bat ich ihn, mir beizustehen,
wusste er, was für mich gut.
Manchmal konnt' ich's nicht verstehen,
vertraute aber seiner Hut.
Gott will auch für mich das Beste,
lieber Vater ist er mir.
Feire gerne seine Feste,
überall und so auch hier.
Drum darf ich nun bei Euch wohnen,

liebe Schwestern, vielen Dank.
Gott mög es Euch allen lohnen,
Euch noch einmal besten Dank.
Hab ich doch vor siebzehn Jahren
des Hauses Rohbau eingeweiht,
doch nun durfte ich erfahren,
der Herr hat mir das Haus bereit'.
Und so fühl ich mich zu Hause
schon vom ersten Tage an.
Fühl mich wohl in meiner Klause,
dass ich nur noch danken kann.

4. Adventssonntag, 23.12.2019

Warum erst jetzt Herausgabe

*Wenn ich zurück schau auf mein Leben,
bin ich erfüllt von Dankbarkeit,
dass der Herr es mir gegeben
trotz der Anfangsschwierigkeit.*

*So ging es im Leben weiter,
ich musste Leid und Not erfahren.
Manchmal traurig, manchmal heiter
meine Lebensjahre waren.*

*All mein Dichten gab mir Kraft
manches Leid zu überwinden,
hab mit Gottes Hilf geschafft,
stets das Gleichgewicht zu finden.*

*Nun jedoch nach sechzig Jahren
haben Nichten mich bedrängt:
„Auch andre sollen es erfahren,
woran dein ganzes Herze hängt."*

*Drum hab ich mir vorgenommen,
alles, was mir Gott geschenkt,
sollen andre auch bekommen.
Dank ihm, der mein Leben lenkt.*

20.01.2020

Pantaleon

O heiliger Pantaleon,
sei du stets unser Schutzpatron,
du dientest deinem Herrn und Gott,
halfst vielen Menschen in der Not.
Wir rufen dich um Hilfe an,
Pantaleon, du Gottesmann,
o nimm dich aller Kranken an.

Als Arzt hast du, Pantaleon,
geholfen oft um Gotteslohn;
du sahst im Kranken Jesus Christ,
der unser Bruder worden ist.
Wir rufen dich um Hilfe an,
Pantaleon, du Gottesmann,
o nimm dich unsrer Kranken an.

O heiliger Pantaleon,
sei Fürbitter an Gottes Thron
und hilf uns jetzt und allezeit,
steh du uns bei im letzten Streit.
Wir rufen dich um Hilfe an,
Pantaleon, du Gottesmann,
o nimm dich unser aller an.

Melodie Gotteslob 542

Paulus

Saulus, einst ein Feind der Christen,
traf dich Christi Gnadenstrahl.
Staunend sehen wir die Wandlung
hin zum Jünger allzumal.
Jesu Licht wirft dich zur Erden,
du sollst ein Apostel werden,
Christi Botschaft bist bestellt
zu verkünden aller Welt.

Paulus wird man dich jetzt nennen,
wirst der Heiden Lehrer sein.
Keine Macht kann dich jetzt hemmen,
Gottes Saat nun auszustreun.
Daran hindert dich kein Leiden,
nimmst sie auf dich voller Freuden.
Und durch deinen Martertod
ist verherrlicht unser Gott.

Bringe unser Lob dem Vater,
bring es auch dem ew'gen Sohn,
der dich rief in seiner Gnade
und dir schenkt den ewg'en Lohn.
Bring das Lob dem Heil'gen Geiste,
dessen Kraft dich allzeit speiste,
Christ zu künden allezeit,
dazu warst du stets bereit.

Melodie Gotteslob 455

Mein Dank an den Manuela Kinzel Verlag.
Erstaunt und hocherfreut kam ich mit Frau Manuela Kinzel in Verbindung, die, ohne mein Opuskulum zu kennen, bereit war, es zu drucken.
Allen Dank an die, die an der Herausgabe beteiligt waren.
Mein Dank gilt vor allem meinen Nichten, die mich 2017 bedrängt haben: „Onkel Otto, gib endlich deine Gedichte heraus, sonst sind sie verloren."
Herzliche Grüße an Frau Lore Weber, die meine handgeschriebenen Texte in den Computer getippt hat.
Besonderer Dank gilt auch Nicolas Knoblauch für das Vorwort zu meinem 85. Geburtstag und für manchen guten Rat.
Ich kann nur immer wieder danke sagen.

Pater Flavian Ascher